국제학생을 위한 경영전략 입문

이선희

Introduction to

STRATEGIC MANAGEMENT

FOR INTERNATIONAL STUDENTS

박영사

머리말

국제학생의 눈높이에 맞춘 참여형 경영전략 입문서

21세기 글로벌 환경 속에서 경영전략은 더 이상 선택이 아닌 필수 역량이 되었습니다. 특히 다양한 문화와 언어 배경을 지닌 국제학생들에게 경영전략은 단순한 학문 지식을 넘어서, 글로벌 무대에서 실질적으로 적용 가능한 사고방식과 문제 해결 역량을 키워주는 핵심 교과목입니다.

본서는 대한민국 대학에서 경영학을 전공하는 유학생들을 위한 경영전략 입문서로, 한국어 중급 수준(토픽 4급)의 유학생과 영어 트랙 학생들을 모두 고려하여 한국어–영어 병기 형식으로 구성하였습니다. 한국어 트랙 유학생에게는 한국어보다 다소 익숙한 영어 표현이 경영전략 개념 이해에 도움을 줄 수 있으며, 영어 트랙 학생들에게는 대학 생활에서 필수적인 한국어 실력을 자연스럽게 키우는 데 본서가 도움이 될 것입니다. 이러한 구성은 국제학생 모두가 전략 개념을 보다 정확히 이해하고 실제로 적용할 수 있도록 돕고자 한 것입니다.

본서의 가장 큰 특징은 이론 중심의 설명에서 벗어나, 실제 기업 사례 분석과 워크숍 중심의 수업 운영이 가능하도록 설계되었다는 점입니다. 장마다 개별 또는 팀 기반 워크숍을 포함하여 학생들이 전략적 사고, 문제 해결력, 협업 능력을 실질적으로 기를 수 있도록 하였습니다. 또한 본서는 한국에서 생활하고 있는 국제학생들이 보다 친숙하게 느낄 수 있는 기업들을 중심으로 사례를 선정하여 이해도를 높이고자 하였습니다. 이와 함께 각국의 기업을 분석하는 워크숍 주제도 포함하여, 학생들이 다양한 국가의 기업 사례를 비교하고 학습할 수 있도록 구성하였습니다.

본서는 15주 대학 수업 체계에 맞춰 총 11개 주제와 2주간의 팀 프로젝트 발표, 중간 · 기말 고사를 포함할 수 있도록 구성되었습니다. 교수자들이 수업 현장에서 곧바로 활용할 수 있도록 실용성을 높였으며, 강의용 PPT 자료도 함께 제공될 예정입니다. 또한 학생의 언어 수준과 실제 역량을 고려하여 프로젝트 기반 학습이 가능하도록 설계하였습니다.

현재 대한민국은 2027년까지 30만 명의 유학생 유치를 목표로 하고 있으며, 경영학은 외국인 유학생들 사이에서 가장 높은 선호도를 보이고 있는 전공 중 하나입니다. 이는 단순한 언어 습득을 넘어, 경영 전문 지식을 체계적으로 학습하여 진로 및 창업 등 미래를 준비하려는 국제학생들의 의지가 반영된 결과입니다. 본서는 바로 이러한 흐름 속에서 국제학생들의 학습 이해도를 높이고, 교수자들이 다문화적 배경을 지닌 학생들을 보다 효과적으로 가르칠 수 있도록 돕는 데 그 목적이 있습니다.

마지막으로 본서가 경영학을 공부하는 국제학생들에게 전략적 사고의 기초를 다질 수 있는 유용한 도구가 되기를 바라며, 집필과 출판 과정에 도움을 주신 모든 분들께 깊은 감사를 드립니다.

2025년 8월

저자 이선희

CONTENTS

차례

I

경영전략의 이해

Understanding Strategic Management

A Strategic Management

1. What is Strategic Management?

Today, companies are living in a time of intense competition and rapid technological change. In this complex environment, having a strategy is essential for continuous growth and strong performance. A strategy is not just a simple plan. It means deciding how to use the company's resources—such as money, people, and time—in the most effective way. When a company has a good strategy, it can gain a better position than its competitors and maintain its success for a long time.

Because a company's resources are limited, it cannot do everything well. That is why it must focus its resources on the most important goals. Choosing one thing means giving up something else. A good strategy helps a company decide which direction to go. It also helps use limited resources efficiently to achieve the best possible results.

2. Key Steps in Business Strategy

Business strategy is not just a simple plan. It is a process that helps a company survive and grow in a competitive environment. There are four main steps in developing and implementing a business strategy.

① **Setting Goals:** This step involves deciding what the company wants to achieve in the future. For example, increasing sales, becoming a well-known brand, or contributing to society.

② **Analyzing the Environment:** The company examines both the external environment (such as politics, economy, society, technology, environment,

A 경영전략이란 무엇인가

1. 경영전략의 정의

오늘날 기업은 경쟁이 치열하고 기술이 빠르게 변하는 시대를 살아가고 있다. 이런 복잡한 환경에서 기업이 계속 성장하고 좋은 성과를 내기 위해서는 전략이 필요하다. 전략은 단순한 계획이 아니다. 전략은 기업이 가진 자원(예, 돈, 사람, 시간)을 어디에, 어떻게 사용할지를 선택하는 것이다. 기업이 전략을 잘 세우면 경쟁자보다 더 유리한 위치에 설 수 있고, 그 이익을 오래 유지할 수 있다.

기업은 가지고 있는 자원이 한정*되어 있어 모든 것을 다 잘할 수는 없다. 그래서 가장 중요한 목표에 자원을 집중해야 한다. 어떤 것을 선택하면 다른 것을 포기해야 한다. 좋은 전략은 기업이 나아갈 방향을 알 수 있게 해 준다. 또한 좋은 전략은 자원을 효율적으로 사용해서 최고의 성과를 얻는 데 도움이 된다.

* 한정 : 정해져 있어서 많지 않다.

2. 경영전략의 핵심 단계

경영전략은 단순한 계획이 아니라, 기업이 경쟁 속에서 살아남고 성장하기 위한 중요한 과정이다. 전략을 세우고 실행하는 과정은 다음의 네 가지 단계로 이루어진다.

① **목표 설정(목표 세우기)**: 기업이 앞으로 무엇을 이루고 싶은지 정한다. 예를 들어, 매출을 늘리거나, 많은 사람에게 잘 알려진 기업이 되거나, 사회에 도움이 되는 기업이 되는 것이다.

② **환경 분석(환경 살펴보기)**: 기업을 둘러싼 외부 환경(정치, 경제, 사회, 기술, 환경, 법률, 경쟁자, 소비자 등)과 내부 환경(자원과 직원 능력 등)을 조사하

laws, competitors, and customers) and internal environment (such as resources and employee skills) to identify opportunities and threats.

③ **Creating Competitive Advantage:** In this step, the company finds ways to do better than its competitors. For example, it may offer lower prices (cost leadership) or provide unique and special products or services (differentiation).

④ **Implementing and Evaluating the Strategy:** The company puts the strategy into action and checks the results. It continues what works well and makes changes to improve weak areas.

3. Key Questions When Developing a Business Strategy

When developing a business strategy, it is important for a company to clearly understand who they are and what kind of environment they are in. The company must also think about what needs to change for a better future, and what costs and benefits that change will bring. By answering these questions, a company can create a strategy that fits its situation and decide the right direction to move forward.

- Who are we?
- What market are we in?
- What should we change to build a better future?
- What are the costs and benefits of making that change?

4. Changes in the Concept of Business Strategy

The way companies develop strategies has changed over time. In the 1960s, many companies created long-term plans based on future predictions. In the 1980s, Michael Porter emphasized that the structure of an industry greatly affects a company's profitability. As a result, analyzing external factors such as competitors,

여, 어떤 기회가 있고 어떤 위험이 있는지를 파악한다.

③ **경쟁우위 창출(경쟁에서 이기는 방법 찾기):** 우리 기업이 다른 기업보다 더 잘할 수 있는 점을 찾는다. 예를 들어, 가격이 싸거나(비용우위) 제품이나 서비스가 독특하고 특별할 수 있다(차별화).

④ **전략 실행 및 평가(실행하고 점검하기):** 세운 전략을 실제로 실천하고, 그 결과를 확인하면서 필요한 부분을 고친다.

3. 경영전략을 세울 때 생각하는 질문들

경영전략을 세울 때는 먼저 기업이 누구이고, 어떤 환경에 있는지를 정확히 아는 것이 중요하다. 그리고 더 나은 미래를 위해 무엇을 바꾸고, 그 변화에 어떤 비용과 이익이 있는지도 함께 생각해야 한다. 이런 질문에 답하면서 기업은 자신에 맞는 전략을 만들고, 앞으로 나아갈 방향을 정할 수 있다.

- 우리는 누구인가?
- 우리는 어떤 시장에 있는가?
- 더 나은 미래를 위해 무엇을 바꿔야 하는가?
- 그 변화를 하려면 어떤 비용이 들고, 어떤 이익이 있는가?

4. 경영전략 개념의 변화

시대에 따라 기업이 전략을 세우는 방식도 달라졌다. 1960년대에는 미래를 예측해서 장기 계획을 세우는 방식이 많이 사용되었다. 1980년대에는 마이클 포터(Michael Porter)가 산업 구조가 기업의 수익성에 큰 영향을 준다고 설명하면서 산업 분석이 중요해졌다. 이 시기에는 경쟁자, 공급자, 고객 같은 외부 요인을 분석하

suppliers, and customers became a key part of strategy.

In the 1990s, the resource-based view gained attention, which focused on the importance of internal resources and capabilities. It argued that a company's technology, know-how, and talent are the main sources of competitive advantage. In recent years, new strategies have emerged to respond to fast-changing digital environments, startup ecosystems, and networks. Today, companies need flexible and adaptive strategies to respond quickly to change. As the environment changes, strategic thinking continues to evolve.

- **Key Strategies by Period**

Period	Strategic Focus	Description
1960s	Long-term planning	Creating long-term plans based on future forecasts
1980s	Industry structure analysis	Analyzing the external environment, assuming that the industry structure affects profits
1990s	Resource-based strategy	Building competitiveness through internal resources and capabilities
Recent years	Flexible and fast strategy	Responding quickly to digital environment, startups, and networks

는 전략이 중심이 되었다.

1990년대에는 기업 내부에 있는 자원과 역량*이 중요하다는 자원기반이론이 주목을 받았다. 기업이 가진 기술, 노하우, 인재 등이 경쟁력을 만든다고 본 것이다. 최근에는 빠르게 변하는 디지털 환경, 창업 생태계, 네트워크의 중요성에 맞춰 새로운 전략들이 강조되고 있다. 특히 유연하게 움직이고 빠르게 변화에 대응할 수 있는 전략이 필요해졌다. 이렇게 전략에 대한 생각은 시대에 따라 계속 발전하고 있다.

* 역량 : 어떤 일을 잘할 수 있는 능력

• 시대별 주요 전략

시대	주요 전략 접근	설명
1960년대	장기 계획 중심	미래를 예측하고 오랫동안 사용할 계획을 세움
1980년대	산업 구조 분석	산업 구조가 수익에 영향을 준다고 보고, 외부 환경을 분석함
1990년대	자원 기반 전략	기업 내부의 자원과 역량을 활용해 경쟁력을 만들려고 함
최근	유연하고 빠른 전략	디지털 환경과 창업 생태계, 네트워크의 중요성이 커지면서 빠르게 변화에 대응할 수 있는 전략이 중요해짐

B The Two Pillars of Business Strategy: Business-Level and Corporate-Level Strategy

Since companies engage in many different activities, they need strategies that guide the overall direction as well as strategies for competing in each business area. For this reason, business strategy is often divided into two main levels: corporate-level strategy and business-level strategy. Each level works differently depending on its role and position in the organization, and they must be well connected for effective management.

Corporate-level and business-level strategies are not separate or independent. The corporate-level strategy sets the overall direction, and then each business unit develops its own strategy that aligns with that direction. After that, each department within the business unit creates more detailed action plans to carry out the strategy. In this way, strategies across all levels must be linked so that the entire organization moves toward the same goal.

• The Two Pillars of Business Strategy

Strategy Level	Description	Example
Business-Level Strategy	A strategy that helps each business unit compete effectively in its market	Lowering product prices or improving product quality
Corporate-Level Strategy	A strategy that sets the overall direction and goals of the entire company	Deciding which industries to invest in, or which countries to enter

1. Business-Level Strategy

Business-Level strategy is the strategy each business unit uses to win in its

B 경영전략의 두 축: 사업부 수준 전략과 기업 수준 전략

기업은 여러 가지 일을 하기 때문에, 전체 기업의 방향을 정하는 전략과 각각의 사업에서 경쟁하는 전략이 필요하다. 이런 이유로 전략은 크게 두 가지로 나눌 수 있다. 바로 기업 수준 전략과 사업부 수준 전략이다. 각각의 전략은 조직의 위치와 역할에 따라 다르게 작동하며, 서로 잘 연결되어야 전체 경영이 효과적으로 이루어진다.

기업 수준 전략과 사업부 수준 전략은 서로 분리되어 있지 않다. 기업 수준 전략이 큰 방향을 정하면, 각 사업 부문은 그 방향에 맞춰 자신만의 전략을 만든다. 또 그 전략을 실행하는 각 부서는 다시 더 구체적인 계획을 세운다. 전략이 서로 연결되어 있어야 조직 전체가 같은 목표를 향해 움직일 수 있다.

• 경영전략의 두 축

전략 수준	설명	예시
사업부 수준 전략	각 사업 부문이 경쟁에서 이기기 위해 세우는 전략	제품 가격을 낮추거나, 품질을 높이는 전략을 세움
기업 수준 전략	기업 전체의 방향과 목표를 정하는 전략	어떤 산업에 투자할지, 어떤 나라에 진출할지 결정함

1. 사업부 수준 전략

사업부 수준 전략은 각 사업 단위에서 경쟁에 이기기 위한 전략이다. 같은 기

specific market. Even within the same company, different products or markets require different strategies. For example, Samsung's smartphone business and its home appliance business have different customers and competitors, so their strategies must differ.

Business-Level strategy considers questions such as:

- How can we outperform our competitors in this market?
- Should we compete on low price, or should we differentiate with unique features?
- Which customer group in the target market should we focus on satisfying?

To establish competitive advantage, business strategies generally follow one of two approaches:

- Cost Leadership : Offering products at lower prices than competitors.
- Differentiation Advantage : Making products or services unique so that customers perceive them as special.

2. Corporate-Level Strategy

Corporate-Level strategy is the highest-level strategy. It defines the overall direction of the company, including which industries to enter, which businesses to continue, and which to exit. For example, for Samsung, corporate-level strategy involves deciding in which industries, such as electronics, biotechnology, and construction, and when to invest.

Corporate-Level strategy considers questions such as:

- Which industries should our company enter?
- Which businesses should we continue, and which should we exit?
- How should we allocate resources among business units?

업 안에서도 제품이나 시장이 다르면 전략도 달라진다. 예를 들어, 삼성전자의 스마트폰 사업과 가전제품 사업은 고객도 다르고 경쟁자도 다르기 때문에 전략도 달라야 한다.

사업부 수준 전략을 세울 때에는 다음과 같은 질문을 고려한다.*

- 이 시장에서 어떻게 경쟁에서 이길까?
- 가격을 낮출까, 아니면 특별한 기능으로 차별화할까?
- 표적 시장**에서 어떤 고객 그룹을 만족시킬 것인가?

* 고려한다 : 중요하게 생각하며 살핀다.

** 표적 시장 : 자신의 제품이나 서비스를 팔기 위해 집중하는 고객 집단

사업부 전략에서는 경쟁우위를 만들기 위한 방법을 정해야 한다. 대표적인 방법은 두 가지이다.

- 비용우위 전략 : 다른 기업보다 더 낮은 가격으로 제품을 제공하는 전략이다.
- 차별화 전략: 제품이나 서비스를 독특하게 만들어 고객이 특별하다고 느끼게 하는 전략이다.

2. 기업 수준 전략

기업 수준 전략은 가장 높은 수준의 전략이다. 기업 전체의 방향을 정하는 전략으로, 어떤 산업에 들어갈지, 어떤 사업을 계속할지 또는 멈출지를 결정한다. 예를 들어, 삼성이 전자, 바이오, 건설과 같은 다양한 분야 중 어디에 언제 투자할지를 결정하는 것이 기업 수준 전략이다.

기업 수준 전략을 세울 때에는 다음과 같은 질문을 고려한다.

- 우리 기업은 어떤 산업에 진출할까?
- 어떤 사업을 계속하고, 어떤 사업을 중단할 것인가?
- 사업 간 자원을 어떻게 나눌 것인가?

This type of strategy is usually determined by the CEO or the corporate strategy department and significantly influences the future of the entire company.

이 전략은 주로 최고경영자*나 본사**의 전략 부서에서 결정하며, 기업 전체의 미래에 영향을 준다.

* 최고경영자 : 기업에서 가장 높은 책임을 가진 사람

** 본사 : 기업의 가장 중심이 되는 장소로 기업의 모든 것을 관리한다.

C Stages of Strategic Management

Strategic management is not a one-time process; it requires continual review and revision. Especially when external conditions change, strategies must be updated to remain effective. In addition, active participation and input from all members of the organization are essential. A strategy can only succeed when everyone moves in the same direction.

When a company develops a strategy, it must go through several stages. This process allows the firm to decide on its direction and identify the specific actions required to reach its goals. The stages of strategic management include: ① Strategy Formulation, ② Strategy Implementation, and ③ Strategy Evaluation.

1. Strategic Management Formulation

① **Setting Goals:** Identify what the company wants to achieve.
Example: Increasing sales by 20% within a year, entering overseas markets, etc.

② **Assessing the Current State:** Analyze the company's current situation.
This involves examining Strengths, Weaknesses, Opportunities, and Threats (SWOT analysis).

③ **Analyzing the External Environment:** Investigate external factors such as the market, competitors, technology, and customers.
Example: Is the economy improving? Are there emerging technologies?

④ **Developing Strategy:** Based on the goals and analyses, determine the best

C 경영전략 단계

경영전략은 한 번 만들고 끝나는 것이 아니라, 계속해서 다시 보고 수정해야 한다. 특히 외부 환경이 바뀌면, 그에 맞춰 전략도 바뀌어야 한다. 또 경영전략에는 기업 전체 구성원들의 의견과 참여가 중요하다. 모두가 같은 방향을 보고 움직여야 전략이 성공할 수 있다.

기업이 전략을 만들 때는 여러 단계가 필요하다. 이 과정을 통해 기업은 어떤 방향으로 갈지 정하고, 그 방향으로 가기 위해 무엇을 해야 할지를 정리할 수 있다. 경영전략의 단계는 ① 전략 수립, ② 전략 실행, ③ 전략 평가로 구성된다.

1. 경영전략 수립

① **목표 정하기:** 기업이 이루고 싶은 것을 정한다.
예: 1년 안에 매출을 20% 올리기, 해외 시장 진출하기 등.

② **현재 상태 파악하기:** 지금 기업이 어떤 상황에 있는지 살펴본다. 강점(Strengths), 약점(Weaknesses), 기회(Opportunities), 위협(Threats)을 분석한다(SWOT 분석).

③ **외부 환경 분석하기:** 시장, 경쟁자, 기술, 고객 등 기업 밖의 상황을 조사한다.
예: 경제가 좋아지는가? 새로운 기술이 생겼는가?

④ **전략 만들기:** 목표와 분석 결과를 바탕으로 어떤 방법이 가장 좋은지 생각

course of action.

Example: Should we lower prices? Should we launch a new product?

2. Strategic Management Implementation

Strategic management implementation is the stage where the formulated strategy is put into action. In this phase, the most effective strategy is selected, and a detailed plan for execution is created. This includes decisions about which departments will take on specific roles, what resources are needed, and the timeline for implementation.

3. Strategic Management Evaluation

Strategic management evaluation is the stage where the effectiveness of the implemented strategy is assessed, and modifications are made if necessary. This involves checking whether the intended goals—such as increased sales, higher market share, or improved customer satisfaction—have been achieved.

It also includes identifying problems or areas for improvement in the implementation process and applying these insights to future strategic planning.

해 본다.

예: 가격을 낮출 것인가? 제품을 새로 만들 것인가?

2. 경영전략 실행

경영전략 실행은 세운 전략을 실제로 행동으로 옮기는 단계이다. 이 단계에서는 수립*된 전략 중 가장 효과적인 것을 선택하고, 그 전략을 실행하기 위한 구체적인 계획을 수립한다. 예를 들어, 어떤 부서가 어떤 역할을 맡을지, 필요한 자원은 무엇인지, 실행 시점**과 기간은 어떻게 할지를 결정한다.

* 수립 : 목표를 정하고, 어떻게 할지 방법을 만드는 것

** 시점 : 어떤 일이 시작되거나 중요한 의미를 가지는 순간

3. 경영전략 평가

경영전략 평가는 실행한 전략이 예상한 성과를 냈는지 점검하고, 필요에 따라 전략을 수정하는 단계이다. 이 과정에서는 매출 증가, 시장 점유율* 확대**, 고객 만족도 향상*** 등 목표한 성과가 달성되었는지를 확인한다. 또한 전략 실행 과정에서의 문제점이나 개선점을 파악하고, 이를 다음 전략 수립에 반영한다.

* 점유율 : 전체 시장에서 어떤 기업이 차지하고 있는 비율

** 확대 : 크기나 범위를 넓히는 것

*** 향상 : 더 좋게 만드는 것

D Vision and Mission

Vision and mission serve as a compass that guides a company's direction. All strategies are built upon the vision and mission, aligning all members of the organization toward a common goal.

1. Vision - What do we want to become?

A vision describes what a company aspires to be in the future. It represents the company's dreams and long-term goals, providing hope and motivation for its members.

For example: "To become the world's leading eco-friendly automobile company."

2. Mission - What is our business?

A mission defines why the company exists today. It explains the purpose or role of the company.

For example: "To provide safe and convenient transportation for everyone."

D 비전과 사명

비전과 사명은 기업이 어디로 가야 하는지를 알려주는 나침반* 같은 역할을 한다. 모든 전략은 비전과 사명을 바탕으로 만들어지며, 구성원들이 같은 목표를 바라보게 만든다.

* 나침반 : 길을 잃지 않도록 방향을 알려주는 도구

1. 비전_우리는 무엇이 되고 싶은가?

비전은 기업이 미래에 어떤 모습이 되고 싶은지를 말한다. 비전은 기업의 꿈이나 목표이고, 구성원에게 희망과 동기를 준다. 예를 들어, "환경을 생각하는 최고의 자동차 기업이 되겠다"는 것이 비전이다.

2. 사명_우리의 사업은 무엇인가?

사명은 기업이 지금 왜 존재하는지를 말한다. 즉, 기업의 목적이나 역할을 설명한다. 예를 들어, "모든 사람에게 안전하고 편리한 교통수단을 제공한다"는 것이 사명이다.

3. Comparison of Vision and Mission

Category	Vision	Mission
Meaning	Describes what the company wants to become in the future.	Describes what the company is currently doing.
Time Focus	Future-oriented	Present-oriented
Example	"We aim to become the world's No.1 eco-friendly food company by 2030."	"We provide healthy food that earns the trust of our customers."

3. 비전과 사명 비교

구분	비전 (Vision)	사명 (Mission)
뜻	앞으로 어떤 기업이 되고 싶은지 설명	지금 기업이 무엇을 하고 있는지 설명
초점	미래 중심	현재 중심
예	"2030년까지 세계 1위 친환경 식품 기업이 되겠습니다."	"우리는 건강한 식품을 만들어 고객에게 신뢰를 주는 기업입니다."

E Setting Strategic Goals

1. What Are Strategic Goals?

Strategic goals are the specific outcomes that a company aims to achieve while implementing its strategy. These goals are based on the company's vision and mission, and they should be developed according to the SMART criteria. SMART is a word made from the first letters of five key criteria that help set effective goals.

2. SMART Goal Criteria

S (Specific): The goal should be clearly defined.
M (Measurable): The goal should be quantifiable.
A (Achievable): The goal should be realistically attainable.
R (Relevant): The goal should be aligned with the company's overall objectives.
T (Time-bound): The goal should have a specific deadline.

Example: "Increase sales by 20% by the year 2027" is a good goal because it meets all the SMART criteria.

E 전략적 목표 설정

1. 전략적 목표

전략적 목표는 기업이 전략을 실행하면서 달성하고자 하는 구체적인 결과를 말한다. 이 목표는 비전과 사명에서 출발하며, SMART 기준에 따라 만들어야 한다. SMART는 목표를 세울 때 도움이 되는 다섯 가지 조건의 첫 글자를 따서 만든 말이다. 이 기준을 사용하면, 구체적이고 실현 가능한 목표를 만들 수 있다.[1]

2. SMART 목표 기준

- S (Specific): 구체적이어야 한다.
- M (Measurable): 측정할 수 있어야 한다.
- A (Achievable): 실제로 달성 가능해야 한다.
- R (Relevant): 기업의 목표와 관련이 있어야 한다.
- T (Time-bound): 시간 기한이 있어야 한다.

예: "2027년까지 매출을 20% 늘린다"는 SMART 기준을 모두 만족하는 좋은 목표이다.

---

1 Doran, G. T. (1981). There's a S.M.A.R.T. way to write management's goals and objectives. Management Review, Vol. 70, Issue 11, pp. 35-36.

F Summary and Key terms

Strategic management is a plan that enables a company to effectively use its resources to gain a competitive edge and achieve its goals.

This strategy is based on the company's vision and mission, is shaped by environmental analysis, and is completed through proper execution and evaluation.

Term	Explanation
Strategic Management	A comprehensive plan to use company resources effectively, outperform competitors, and achieve business goals.
Vision	A statement about what the company wants to become in the future.
Mission	A statement that explains the company's current purpose and core activities.
Strategy Execution	The process of putting strategic plans into action.
Strategy Evaluation	The process of reviewing performance and making adjustments if needed.

F 요약 및 주요 용어

경영전략은 기업이 자원을 효과적으로 사용해 경쟁에서 이기고, 목표를 이루기 위해 세우는 계획이다. 이 전략은 비전과 사명을 바탕으로 하고, 환경을 분석하여 경쟁우위를 만들고, 실행과 평가를 통해 완성된다.

용어	설명
경영전략	기업이 자원을 잘 사용해서 경쟁에서 이기고, 목표를 이루기 위해 세우는 전체 계획
비전	기업이 미래에 어떤 모습이 되고 싶은지를 말함
사명	기업이 지금 왜 존재하는지, 무슨 일을 하는지를 설명함
전략 실행	세운 전략을 실제로 행동으로 옮기는 것
전략 평가	전략이 잘 되고 있는지 확인하고, 필요하면 수정하는 것

G Individual Workshop

1. Planning My Semester - Setting SMART Strategic Goals

<table>
<tr><td>Purpose</td><td colspan="3">To help students think strategically about what they want to achieve during the semester and define their goals using the SMART criteria.</td></tr>
<tr><td rowspan="9">Activity Steps</td><td>Choose one personal goal for the semester.</td><td colspan="2">Examples: Not missing class / Doing well in team presentations / Meeting assignment deadlines / Understanding strategic concepts clearly.</td></tr>
<tr><td rowspan="6">Clarify your goal using the SMART criteria.</td><td>Category</td><td>Sample Questions</td></tr>
<tr><td>S (Specific)</td><td>What is your specific goal?</td></tr>
<tr><td>M (Measurable)</td><td>How can you measure it?</td></tr>
<tr><td>A (Achievable)</td><td>Is this goal achievable for you?</td></tr>
<tr><td>R (Relevant)</td><td>Is this goal relevant to your college life?</td></tr>
<tr><td>T (Time-bound)</td><td>By when will you achieve this goal?</td></tr>
<tr><td>Strategic Goal Statement</td><td colspan="2">Writing Strategic Goals in 1–2 Sentences</td></tr>
<tr><td>Presentation</td><td colspan="2">Individual Presentation</td></tr>
</table>

G 개별 워크숍: SMART 전략 목표 설정하기

1. 주제: SMART 전략 목표 설정하기_이번 학기 계획 세우기

<table>
<tr><th>목적</th><td colspan="2">한 학기 동안 이루고 싶은 개인 목표를 전략적으로 생각해 보고, SMART 기준으로 목표를 구체화해 본다.</td></tr>
<tr><th rowspan="4">활동 구성</th><td>나의 이번 학기 목표 정하기</td><td>예: 수업 결석하지 않기 / 팀 발표 잘하기 / 과제 마감 지키기 / 전략 개념 정확히 이해하기</td></tr>
<tr><td>SMART 기준에 따라 목표 구체화하기</td><td><table>
<tr><th>항목</th><th>질문 예시</th></tr>
<tr><td>S (Specific)</td><td>어떤 목표인가요?</td></tr>
<tr><td>M (Measurable)</td><td>어떻게 측정할 수 있나요?</td></tr>
<tr><td>A (Achievable)</td><td>내가 할 수 있는 목표인가요?</td></tr>
<tr><td>R (Relevant)</td><td>이 목표는 대학 생활과 관련이 있나요?</td></tr>
<tr><td>T (Time-bound)</td><td>언제까지 이룰 건가요?</td></tr>
</table></td></tr>
<tr><td>전략 목표 작성하기</td><td>1~2문장으로 전략 목표 작성하기</td></tr>
<tr><td>발표</td><td>개별 발표</td></tr>
</table>

2. SMART Strategic Goal Setting Template Example

Category	Sample Questions	Example Answers
S (Specific)	What is your specific goal?	To get an A+ in the Strategic Management class
M (Measurable)	How can you measure it?	A combined average score of 95+ from exams, assignments, and presentations
A (Achievable)	Is this goal achievable for you?	Yes, through reviewing lectures, meeting deadlines, and actively participating in team activities
R (Relevant)	Is this goal relevant to your college life?	Yes, because I need high grades to qualify for a scholarship
T (Time-bound)	By when will you achieve this goal?	By the end of this semester's final exam
Strategic Goal Statement	I will earn an A+ in the Strategic Management class this semester by reviewing weekly lectures, actively participating in assignments and team presentations, and preparing thoroughly for exams.	

2. SMART 전략 목표 설정 템플릿 예시

항목	질문 예시	작성 예
S (Specific)	어떤 목표인가요?	경영전략 과목에서 A+를 받는 것
M (Measurable)	어떻게 측정할 수 있나요?	중간·기말 평가, 과제, 발표 점수 합산 평균 95점 이상
A (Achievable)	내가 할 수 있는 목표인가요?	강의 복습, 예습, 과제 기한 엄수, 팀 활동 적극 참여를 통해 가능
R (Relevant)	이 목표는 대학 생활과 관련이 있나요?	장학금을 받으려면 학점이 중요하기 때문에, 이 수업에서 A+를 받는 것이 꼭 필요
T (Time-bound)	언제까지 이룰 건가요?	이번 학기 기말시험까지
전략 목표	나는 이번 학기 경영전략 수업에서 A+를 받기 위해, 매주 강의 내용을 복습하고 과제와 팀 발표에 적극적으로 참여하며, 시험 준비를 열심히 할 것이다.	

II

외부 환경 분석

External Environment Analysis

A What is External Environment Analysis?

1. Definition of External Environment Analysis

To develop a successful strategy, it is very important for a company to understand the changes and trends happening outside the organization. This is called external environment analysis. The external environment includes various factors such as politics, economy, society, technology, environment, and law. These factors are beyond the company's control but can strongly influence its performance.

For example, if the government raises corporate taxes, the company will have to pay more tax, which increases its costs. Or, if a new technology is introduced, existing products might stop selling well. On the other hand, a change in social structure, like an aging society, could create new market opportunities.

2. Importance of External Environment Analysis

For a company to succeed, analyzing the external environment is extremely important. This analysis helps identify potential risks in advance and supports the company in responding effectively to new changes. For instance, the emergence of new competitors, changes in government policies, or rapid technological advancements can all affect a business. If a company responds well to these external changes, it can reduce problems and discover new business opportunities.

A 외부 환경 분석이란 무엇인가

1. 외부 환경 분석 정의

기업이 성공적인 전략을 세우기 위해서는, 기업 외부*에서 일어나는 변화와 흐름을 잘 이해하는 것이 매우 중요하다. 이것을 '외부 환경 분석'이라고 한다. 외부 환경에는 정치, 경제, 사회, 기술, 환경, 법 같은 여러 가지 요소가 포함된다. 이런 요소들은 기업이 통제할 수 없지만, 기업의 성과에 매우 큰 영향을 미친다.

* 외부 : 어떤 조직이나 기업 밖에 있는 것

예를 들어, 정부가 법인세*를 올리면, 기업은 더 많은 세금을 내야 하므로 비용이 올라갈 수 있다. 또는 새로운 기술이 등장하면, 기존 제품은 팔리지 않을 수 있다. 반대로, 고령화** 사회처럼 사회 구조가 바뀌면, 새로운 시장 기회가 생길 수 있다.

* 법인세 : 기업이 돈을 벌면 정부에 내는 세금

** 고령화 : 나이 많은 사람이 점점 많아지는 현상

2. 외부 환경 분석의 중요성

기업이 성공하려면 외부 환경을 분석하는 일이 매우 중요하다. 외부 환경 분석은 앞으로 생길 수 있는 위험을 미리 찾고, 새로운 변화에 잘 대응*하는 데 도움을 준다. 예를 들어, 경쟁 기업이 새로 생기거나, 정부의 정책이 바뀌거나, 기술이 빠르게 발전하는 일들은 기업에 영향을 줄 수 있다. 이런 외부의 변화에 잘 대응하면, 기업은 문제를 줄이고 새로운 사업 기회를 발견할 수 있다.

* 대응 : 문제나 변화에 맞게 행동하는 것

When conducting external environment analysis, companies can consider the following questions:

- What risks could affect our business?
- What upcoming changes could turn into new opportunities?
- What kind of business can we start based on those opportunities?
- How should we respond to external changes?

외부 환경 분석을 하면서 기업은 다음과 같은 질문을 생각해 볼 수 있다.

- 어떤 위험이 우리 사업에 영향을 줄까?
- 앞으로 어떤 변화가 새로운 기회가 될 수 있을까?
- 그 기회를 바탕으로 어떤 사업을 시작할 수 있을까?
- 외부 변화에 어떻게 대응해야 할까?

B Methods of External Environment Analysis

Two common methods for analyzing the external environment are the PESTEL analysis, which examines political, economic, social, technological, environmental, and legal factors, and Porter's Industry Structure Analysis, which assesses the level of competition within an industry.

1. PESTEL Analysis

PESTEL is a structured framework for analyzing six key external factors: Political, Economic, Social, Technological, Environmental, and Legal. Each factor can significantly influence business activities.

① Political

This refers to government policies, regulations, and political stability. A change in government or new laws can have a major impact on companies. For example, if the government increases subsidies for electric vehicles, car manufacturers are likely to invest more in EV production.

② Economic

Economic factors include money flow, inflation, interest rates, exchange rates, and unemployment.

When the economy is strong, consumers spend more, and companies are more likely to invest. When the economy is weak, the opposite happens.

B 외부 환경 분석 방법

외부 환경 분석의 대표적인 방법으로는 정치, 경제, 사회, 기술, 환경, 법률 요인을 분석하는 PESTEL 분석과 산업 내 경쟁 정도를 파악하는 포터의 산업구조분석이 있다.

1. PESTEL 분석

PESTEL은 정치(Political), 경제(Economic), 사회(Social), 기술(Technological), 환경(Environmental), 법률(Legal)의 여섯 가지 요소를 체계적으로 살펴보는 방법이다.

① 정치(Political)

정치는 정부의 정책이나 제도와 관련된 것이다. 정부가 바뀌거나, 새로운 법을 만들면 기업 활동에 큰 영향을 줄 수 있다. 예를 들어, 정부가 전기차 보조금*을 늘리면 자동차 기업은 전기차 생산에 더 투자하게 된다.

* 보조금 : 정부가 기업이나 개인에게 주는 '도와주는 돈'

② 경제(Economic)

경제는 돈의 흐름, 물가, 금리*, 환율, 실업률 같은 요소를 포함한다. 경제가 좋으면 소비자들이 물건을 많이 사고, 기업도 투자를 늘린다. 하지만 경제가 나빠지면 반대 현상이 일어난다.

* 금리 : 돈을 빌리거나 맡길 때 적용되는 이자 비율

③ Social

Social factors include demographics, values, lifestyles, and culture. For example, as the elderly population increases, demand for health-related products also grows. Similarly, more one-person households increase the market for small appliances and ready-to-eat meals.

④ Technological

This involves innovations, inventions, IT, and artificial intelligence (AI). Technological advances change consumer behavior. For example, with the growth of online shopping, people are visiting physical stores less often.

⑤ Environmental

This includes climate, weather patterns, resource depletion, and carbon emissions. As ESG (Environmental, Social, and Governance) management becomes more important, companies are developing eco-friendly products and reducing plastic use.

⑥ Legal

Legal factors refer to laws and regulations that businesses must follow, such as safety standards and labor laws. For example, if data protection laws become stricter, companies must manage customer information more securely.

By using PESTEL analysis, companies can better predict future developments and prepare strategies to respond to them effectively.

③ 사회(Social)

사회는 사람들의 인구 구성, 가치관, 라이프스타일, 문화 등을 말한다. 예를 들어, 고령 인구가 많아지면, 노인을 위한 건강제품 시장이 커진다. 또, 1인 가구가 많아지면 소형 가전이나 간편식 시장이 성장한다.

④ 기술(Technological)

기술은 새로운 발명, 혁신, IT, 인공지능(AI) 같은 것이다. 기술이 바뀌면 소비자 행동도 달라진다. 예를 들어, 온라인 쇼핑 기술이 발전하면서 오프라인 매장 이용이 줄고 있다.

⑤ 환경(Environmental)

환경은 날씨, 기후변화, 자원 고갈*, 탄소배출 등과 관련된다. 최근에는 ESG(환경, 사회, 지배구조) 경영이 중요해지면서, 기업도 친환경 제품을 만들고, 플라스틱 사용을 줄이는 등 환경을 고려한 전략을 세우고 있다.

* 자원 고갈 : 사람들이 자원을 너무 많이 써서 점점 없어지는 것

⑥ 법률(Legal)

법률은 기업이 따라야 하는 법, 규칙, 안전 기준, 노동법 등을 말한다. 예를 들어, 개인정보보호법이 강화되면 기업은 고객 정보를 더 엄격하게 관리해야 한다.

이 분석을 통해 기업은 앞으로 어떤 일이 생길지 예측하고, 그에 맞는 전략을 세울 수 있다.

2. Case Study: PESTEL Analysis _ SK Group

Factor	Key Issues	SK's Strategic Response
Political	• The Korean Government has declared carbon neutrality by 2050	• Established and implementing a RE100 goal to increase the use of renewable energy.
Economic	• Increased volatility in prices of key raw materials • Exchange rate fluctuations	• Operates a Market Intelligence (MI) platform to monitor exchange rates, raw materials, and supply chains in real time, supporting strategic planning and risk management.
Social	• Rising demand for ESG and ethical management • Aging population and growing number of single-person households	• Introduced the Social Value (SV) model to measure social impact. • Expanded senior-friendly services and customized content for single-person households.
Technological	• Intensified competition in AI, semiconductor, and battery innovation • Acceleration of digital transformation	• Developed high-bandwidth memory for AI at SK hynix. • Built 5G and AI-based smart factories.
Environmental	• Need to reduce carbon emissions and expand eco-friendly business • Changing energy policies due to climate change	• Recycles used batteries and develops eco-friendly technologies. • Transitioning business toward hydrogen and renewable energy. • Investing in clean energy such as LNG and fuel cells.
Legal	• ESG disclosure mandatory for large corporations from 2026 Strengthened Personal Information Protection Act	• Established an ESG Committee for governance and compliance. • Enhanced data management and protection in ICT sectors.

2. PESTEL 분석 사례_SK 그룹

요소	주요 내용	SK의 주요 대응
정치	• 한국 정부는 2050 탄소중립을 선언하며, 기업에 온실가스 감축을 요구[2]	• RE100*(재생에너지 100%) 목표를 수립하고 실행하고 있다.[3]
경제	• 반도체·배터리 생산에 필수적인 원자재 가격 변동성 확대 • 환율 변동성 확대	• MI(시장정보) 플랫폼은 환율, 원자재, 공급망 등 주요 리스크 요소를 실시간**으로 분석하여, 국내·외 환경 변화를 예측하고 경영전략 수립과 리스크 관리에 도움을 준다.[4]
사회	• ESG 및 윤리경영 요구 증가	• SK는 사회적 가치 측정 모델(SV)을 도입하였다.[5]
	• 고령화 및 1인 가구 증가	• SK텔레콤은 고령자 대상 서비스 및 1인 가구를 위한 맞춤형 콘텐츠를 확대하였다.[6]
기술	• AI, 반도체, 배터리 등 기술혁신 경쟁 심화	• SK하이닉스는 AI용 고대역폭 메모리를 개발하였다.[7]
	• 디지털 전환 가속화	• SK텔레콤은 5G, AI 기반의 스마트 팩토리를 설립하였다.[8]

---

2 대한민국 정책브리핑 (2021. 11. 08). 2050 탄소 중립. https://www.korea.kr/special/policyCurationView.do?newsId=148881562

3 2023 SK 주식회사 지속가능경영 보고서 https://sk-inc.com/_UPLOAD/SUST/72f739a0-513f-4e98-ae36-c6aee333a163.pdf

4 SK 주식회사 AX (2025. 02. 14). Market Intelligence를 활용한 SK그룹의 경쟁력 강화 전략. https://www.skax.co.kr/insight/trend/3138?utm

5 SK telecom [숫자로 보는 ESG] 5년 연속 성장, 2022년 SKT가 창출한 사회적 가치는?. https://news.sktelecom.com/196199

6 SK telecom (2024. 10. 10). SKT, 시니어 친화 서비스로 진정성 더하고 맞춤형 혜택 강화. https://news.sktelecom.com/207659

7 디지털타임스 (2025. 06. 23). 울산 AI 인프라 타고… SK하이닉스, 차세대 메모리 속도낸다. https://www.dt.co.kr/contents.html?article_no=2025062302109932075002

8 SK telecome (2020. 07. 08). SK텔레콤·SK플래닛·화신, AI 기반 스마트팩토리 구축 나선다. https://news.sktelecom.com/138424

3. Industry Structure Analysis: Porter's Five Forces

To succeed in any industry, a company must understand how that industry is structured. Michael Porter argued that the structure of an industry determines the profitability of companies within it. He developed a model called the Porter's Five Forces, which helps firms analyze the external competitive environment and build appropriate strategies.

요소	주요 내용	SK의 주요 대응
환경	• 탄소배출 감축 및 친환경 사업 확대 필요성	• SK이노베이션은 폐배터리를*** 재활용한다.[9] • SK(주)는 수소·신재생에너지로 사업 전환을 하고 있다.[10]
	• 기후변화에 따른 에너지 정책 변화	• SK는 LNG 발전과 함께 친환경에너지 비중을 늘리고 있다.[11]
법률	• 2026년부터 대기업 ESG 공시가 의무화됨[12]	• SK는 ESG 위원회를 구성하였다.[13]
	• 개인정보보호법 강화	• SK텔레콤 등 ICT 사업 부문은 데이터 관리 및 보호 조치를 강화하고 있다.[14]

* RE100 : 기업이 사용하는 전기를 모두 재생에너지(태양광, 풍력 등)로 바꾸겠다는 약속

** 실시간 : 지금 일어나는 일을 바로 보고, 듣고, 처리하는 것

*** 폐배터리 : 다 써서 더 이상 사용할 수 없는 배터리

3. 산업구조 분석: 포터의 5가지 경쟁 요인[15]

기업이 어떤 산업에서 성공하려면, 그 산업이 어떤 구조를 가지고 있는지를 잘 알아야 한다. 마이클 포터(Michael Porter)는 산업의 구조가 기업의 수익성을 결정한다고 보았다. 그는 이를 설명하기 위해 다섯 가지 경쟁 요인(Five Forces)이라는

---

9 SK 이노베이션 (2022. 01. 02). SK이노베이션, CES 2022서 탄소 감축 기여 친환경 혁신 기술 공개. https://skinnonews.com/archives/91623

10 SK 이노베이션 (2020. 12. 31). SK㈜ '수소사업추진단' 출범…차세대 에너지로 「수소사업」 집중 육성. https://www.skens.com/sk/press/view.do?seq=3237

11 SK gas (n.d.). 연료전지발전. https://skgas.co.kr/Business/Fuel_Energy.html

12 대외경제정책연구원 (2025. 05. 21). 국제사회의 ESG 공시제도 동향과 시사점.

13 SK Inc (2025. 03. 26). ESG 위원회 구성 현황. https://sk-inc.com/kr/esg/committees.aspx

14 SK telecom (2025. 04. 25). SK텔레콤 등 ICT 사업 부문은 데이터 관리 및 보호 조치 강화. https://news.sktelecom.com/211563

15 Porter, M. E. (1980). Competitive strategy: Techniques for analyzing industries and competitors. Free Press.
Grant, R. M. (2021). Contemporary strategy analysis (10th ed.). Wiley.

① Rivalry Among Existing Competitors

This refers to the competition among companies already operating in the same industry. When competition is intense, companies may have to lower their prices, which reduces profitability. Intense rivalry often occurs when there are many competitors, similar products, or a limited market size.

Example: In South Korea, low-cost coffee brands face intense competition. Chains such as Mega Coffee, Paik's Coffee, Compose Coffee, and Venti offer similar menus at comparable prices. In industries like this—where there are many firms and little product differentiation—competition is strong, and profit margins tend to be low.

② Threat of New Entrants

When new companies enter a market, competition increases. Existing firms may be forced to lower prices or increase marketing efforts. Therefore, high entry barriers (such as capital requirements, advanced technology, and brand awareness) help protect existing companies.

Example: The semiconductor industry is known for its high entry barriers. To enter this industry, a company needs expensive manufacturing facilities and highly skilled technical experts. It also takes years of experience and significant R&D investment to produce reliable products.

Because of these requirements, new firms find it very difficult to enter the market. As a result, existing companies can maintain strong positions and continue to be profitable.

③ Threat of Substitutes

The threat of substitutes refers to the possibility that consumers may switch to other products. When there are many alternative products with similar functions and lower prices, consumers can easily choose them instead. In such cases, companies

분석 모델을 만들었다. 이 분석은 기업의 외부 경쟁 환경을 이해하고, 그에 맞는 전략을 세우는 데 도움이 된다.

① 기존 기업 간 경쟁

같은 산업에 있는 기업끼리 경쟁하는 것을 말한다. 경쟁이 심하면 가격을 낮춰야 하고, 수익도 줄어든다. 경쟁이 심한 이유는 기업 수가 많거나, 제품이 비슷하거나, 시장이 크지 않기 때문이다.

예: 한국에서는 저가 커피 브랜드 간의 경쟁이 매우 치열하다. 메가커피, 빽다방, 컴포즈커피, 벤티 등은 비슷한 가격과 메뉴를 구성하고 있다. 이처럼 기업 수가 많고, 제품 차별화가 약한 산업에서는 경쟁이 심해서 수익률이 낮아질 수 있다.

② 신규 진입자의 위협

새로운 기업이 시장에 들어오면 경쟁이 심해진다. 기존 기업들은 가격을 낮추거나 마케팅을 더 해야 한다. 따라서 진입 장벽*(예: 자본, 기술, 브랜드 인지도**)이 높을수록 기존 기업에 유리하다.

예: 반도체 산업은 대표적인 진입 장벽이 높은 산업이다. 이 산업에 진출하려면, 매우 비싼 공장 설비와 전문 기술을 가진 사람이 필요하다. 또한 제품을 안정적으로 생산하려면 오랜 기간의 경험과 연구개발(R&D) 투자도 필요하다. 이처럼 반도체 사업을 시작하려면 많은 자본과 시간이 필요하기 때문에, 새로운 기업이 쉽게 진입하기 어렵다. 그래서 기존 기업은 시장에서 높은 자리를 계속 유지할 수 있다.

* 진입 장벽 : 새로운 사업을 시작하려는 기업이 시장에 들어가기 어렵게 만드는 조건

** 인지도 : 많은 사람이 얼마나 그 이름을 알고 있는가

③ 대체재의 위협

대체재의 위협은 소비자가 다른 제품으로 바꿀 수 있는 가능성을 말한다. 비슷한 기능을 가진 다른 제품이 많고, 가격도 싸면, 소비자는 쉽게 다른 것을 선택할 수 있다. 이런 경우 기업은 가격을 올리기 어렵고, 이익도 줄어들 수 있다.

may find it difficult to raise prices, and their profits can decrease.

Example: In the low-cost coffee industry, there are many substitute products.

For example, customers can choose a 1,000-won canned coffee from a convenience store, instant drip coffee, energy drinks, or tea instead of visiting a café. As these substitutes become more popular, people may choose them for their convenience and lower cost.

Therefore, low-cost coffee brands must do more than compete on price. They need to offer product variety, create attractive store environments, and improve accessibility to stand out. The greater the threat of substitutes, the more effort existing companies must make to maintain their competitiveness.

④ Bargaining Power of Suppliers

The bargaining power of suppliers refers to how much influence suppliers—those who sell materials or parts—have over companies. If suppliers have strong power, it becomes difficult for companies to buy what they need at the prices or conditions they want. When suppliers raise prices, companies must pay more, which increases their costs. If a supplier decides to sell only to certain companies, others may struggle to find alternatives. Strong supplier power can negatively affect a company's profitability.

Example: One of the most important machines used in semiconductor production is the EUV (Extreme Ultraviolet) lithography machine, which is used to print very small circuits on chips. Only ASML, a Dutch company, can produce this machine. As a result, Korean companies like Samsung Electronics and SK hynix must wait a long time and pay a high price to buy it. If ASML raises its prices or delays delivery, these companies may face serious production problems. A company like ASML, which owns unique technology, has very strong bargaining power, and other firms must adjust accordingly.

⑤ Bargaining Power of Buyers

The bargaining power of buyers refers to how much influence customers have

예: 저가 커피 산업에서는 커피 대신 선택할 수 있는 다양한 대체재가 존재한다. 예를 들어, 편의점에서 판매하는 1,000원짜리 캔커피나 즉석 원두커피, 또는 커피 대신 마시는 에너지음료, 차(Tea) 등이 있다. 이런 대체재들이 많아지면 소비자들은 카페를 방문하는 대신 간편하고 저렴한 음료를 선택할 수 있다.

따라서 저가 커피 브랜드들은 가격 경쟁뿐 아니라, 음료의 다양성, 매장의 분위기, 접근성 등 다양한 전략으로 차별화를 시도해야 한다. 이처럼 대체재의 위협이 클수록, 기존 기업은 경쟁력을 유지하기 위해 더 많은 노력을 해야 한다.

④ 공급자의 교섭력

공급자의 교섭력은 재료나 부품을 파는 기업이 얼마나 힘이 있는지를 말한다. 공급자의 힘이 세면, 기업은 원하는 가격이나 조건으로 물건을 사기 어렵다. 그래서 공급자가 가격을 올리면, 기업은 더 큰 비용을 내야 한다. 또한 공급자가 다른 기업에만 물건을 팔겠다고 하면, 다른 공급자를 찾아야 하는 어려움이 발생한다. 이처럼 공급자의 교섭력이 강하면, 기업의 이익에도 영향을 줄 수 있다.

예: 반도체를 만들 때 꼭 필요한 기계 중 하나는 EUV 노광장비이다. 이 장비는 칩 위에 아주 작은 회로를 그릴 때 사용된다. 이 장비는 네덜란드의 ASML이라는 기업만 만들 수 있다. 그래서 삼성전자나 SK하이닉스 같은 한국 기업들도 이 장비를 사기 위해 오래 기다려야 하고, 많은 돈을 내야 한다. 만약 ASML이 가격을 올리거나, 장비를 늦게 보내면, 한국 기업들은 생산 계획에 문제가 생길 수 있다. ASML처럼 특별한 기술을 가진 기업은 매우 강한 협상력*을 갖게 되고, 기업들은 그에 따라 움직일 수밖에 없다.

* 협상력 : 물건을 팔거나 살 때, 자신에게 유리한 조건을 끌어낼 수 있는 힘

⑤ 구매자의 교섭력

구매자의 교섭력은 고객이 기업에 요구할 수 있는 힘을 말한다. 고객의 교섭력

over a company. When buyers have strong power, companies may need to lower prices or offer better conditions, which can reduce profits.

Also, since customers can easily switch to another brand, companies must work harder to retain them. To reduce this risk, companies need to build strong relationships with their customers and create strategies to keep them loyal.

Example:

In South Korea, large convenience store chains like CU, GS25, and Emart24 receive products—such as drinks or ready-made meals—from various suppliers.

Because convenience stores (buyers) are important places to sell products, suppliers try to follow the conditions set by the stores (buyers). For example, if the convenience store asks to lower the price or run a promotion, the supplier often agrees. In this case, the buyer (convenience store) has strong power, and the supplier may struggle to make a profit or negotiate favorable terms.

이 강하면, 기업은 가격을 낮추거나 더 좋은 조건을 제시해야 한다. 이때 기업의 수익은 줄어들 수 있다. 또한 구매자의 교섭력이 높으면 고객은 다른 기업의 제품으로 쉽게 바꿀 수 있으므로, 기업은 구매자 만족을 위해 더 많이 노력해야 한다.

예: 한국에는 CU, GS25, 이마트24와 같은 대형 편의점 브랜드가 많다. 이 편의점들(구매자)은 음료나 간편식 같은 상품을 여러 기업에서 납품*받는다. 그런데 편의점(구매자)은 물건을 파는 중요한 장소이기 때문에, 납품하는 기업은 편의점(구매자)이 정한 조건에 맞추려고 노력할 것이다.

예를 들어, 편의점(구매자)이 가격 조정 또는 이벤트 등을 요청한다면, 납품업체는 편의점의 요청을 받아들이는 경우가 많을 것이다. 이처럼 물건을 사는 쪽(편의점)이 힘이 세면, 파는 쪽(납품업체)은 이익을 내기 어려워지고, 협상에서도 불리해진다.

* 납품 : 주문받은 물건을 가져다주는 것

C Key Sources and Uses of External Research Information

When analyzing the external environment, companies should not rely on vague assumptions. Instead, they must use reliable and credible sources. These sources include official and objective data provided by government agencies, research institutions, media, and industry associations.

* These sources are also useful for university assignments and team projects.

① Government Data

Governments regularly publish statistics and reports related to society and industry. For example, Statistics Korea provides data on population structure, employment rates, household spending, and more.

Statistics Korea: https://kostat.go.kr/anse

② Newspapers and News Articles

Articles from news outlets are useful for analyzing current external issues. Business newspapers and industry media offer timely insights into recent events, competitor strategies, and consumer trends.

③ Reports from Industry Associations and Private Research Centers

Organizations such as the Korea International Trade Association (KITA), Samsung Global Research (SGR), and LG Economic Research Institute (LGERI) publish regular industry analysis reports. These reports often provide practical, market-oriented insights, making them helpful for forecasting and strategic planning.

KITA: https://kita.org

SGR: https://www.samsungsgr.com/en

LGERI: https://www.lgbr.co.kr/en/index.do

C 외부 조사 정보의 주요 출처 및 활용[16]

기업이 외부 환경을 분석할 때는, 막연한 추측이 아니라 신뢰할 수 있는 자료를 바탕으로 해야 한다. 이러한 자료는 정부기관, 연구기관, 언론사, 산업협회 등이 제공하는 공식적이고 객관적인 정보에서 얻을 수 있다.

① 정부기관 자료

정부는 다양한 통계와 산업 관련 보고서를 정기적으로 발표한다.

예를 들어, 통계청은 인구 구조, 고용률, 가계 지출 등 사회·경제 전반에 대한 데이터를 제공한다.

통계청: https://kostat.go.kr/ansk

② 신문과 뉴스기사

언론사의 기사도 기업 외부 환경 분석 자료에 활용할 수 있다. 경제신문이나 산업 전문 언론은 최근 이슈, 경쟁 기업의 전략, 소비자 트렌드 등을 빠르게 보도한다.

③ 산업 협회 및 민간 연구소 보고서

무역협회, 한국은행, 삼성글로벌리서치(SGR), LG경제연구원 등 민간기관도 정기적으로 산업별 분석 보고서를 제공한다. 이들 보고서는 실무 중심의 분석이 많아, 시장 전망이나 경쟁 전략 수립에 직접적인 도움이 된다.

한국무역협회: https://www.kita.net/

삼성경제연구소: https://www.samsungsgr.com/

---

16 이러한 자료는 대학 과제 및 팀 활동에도 적용할 수 있다.

④ Academic and Policy Research

For strategic planning, companies can also refer to academic papers and policy research reports from institutions like the Korea Development Institute (KDI). These sources provide long-term analysis and theoretical frameworks, helping firms set strategic direction.

Google Scholar: https://scholar.google.com

KDI: https://www.kdi.re.kr/eng/

LG경제연구원: https://www.lgbr.co.kr/index.do

④ 학술자료 및 정책자료

경영전략 수립에는 국내외 학술논문, 정책연구보고서 등도 참고할 수 있다. 이 자료들은 장기적인 분석과 이론적 기반을 제공해, 기업이 전략의 방향성을 설정하는 데 도움을 준다.

구글스칼라: https://scholar.google.com/

KDI한국개발연구원: https://www.kdi.re.kr/

D Summary and Key Terms

External environment analysis refers to the process of understanding the changes happening outside a company. The PESTEL analysis examines external factors like Politics, Economy, Society, Technology, Environment, and Law.

Porter's Five Forces is a framework that analyzes five competitive factors that influence a business: rivalry among existing competitors, threat of new entrants, threat of substitutes, bargaining power of suppliers, and bargaining power of buyers.

Term	Explanation
External Environment Analysis	A method to examine factors outside the company and plan strategic actions.
PESTEL Analysis	A structured approach to analyze political, economic, social, technological, environmental, and legal factors.
New Entrants	Potential competitors entering the market.
Substitutes	Alternative products that customers can easily switch to.
Buyers	People or businesses who purchase a company's products or services.
Suppliers	Companies that provide raw materials or parts to other businesses.

D 요약 및 주요 용어

외부 환경 분석은 기업 밖에서 일어나는 변화가 무엇인지를 이해하는 과정을 말한다. PESTEL 분석은 '정치, 경제, 사회, 기술, 환경, 법' 같은 요소로 외부 환경 분석을 살펴보는 방법이다. 포터의 5가지 경쟁 요인 분석은 기업에 영향을 주는 '기존 기업 간의 경쟁, 신규 진입자, 대체제, 공급자, 구매자'를 분석하는 도구이다.

용어	설명
외부 환경 분석	기업 밖에서 일어나는 요소들을 살펴보고, 행동 계획을 세우는 방법
PESTEL 분석	정치, 경제, 사회, 기술, 환경, 법률 요소를 체계적으로 분석하는 방법
신규 진입자	새로 시장에 들어오는 잠재적인 경쟁자
대체재	소비자들이 쉽게 다른 제품으로 바꿀 수 있는 상품
소비자	기업의 제품이나 서비스를 구매하는 사람 또는 기업
공급자	기업에 원재료나 부품을 제공하는 기업

E Team Workshop

1. Topic: Practicing PESTEL Analysis for Local Industries

Purpose	Students apply the PESTEL analysis to understand how external environments affect industries and develop strategic thinking through practice.	
Activity Steps	Industry Selection & Role Assignment	• Each team selects one industry of interest (e.g., low-cost coffee, convenience stores, delivery apps, smartphones, online fashion, etc.) • Team members divide the six PESTEL elements among themselves.
	Information Collection & Analysis	• For each factor, identify Opportunities and Threats. • Use reliable sources: news articles, Statistics Korea, Ministry of Industry, company websites, etc. • Combine and organize team findings.
	Presentation	• Each team presents the results of their analysis.

2. PESTEL Template Example - Low-Cost Coffee Franchise

Factor	Opportunities	Threats
P (Political)	• The government supports small business startups. • Franchisees are protected by government policies.	• Franchise headquarters must pay more for advertising due to changes in franchise laws. • Tax and hygiene inspections are becoming stricter.
E (Economic)	• The number of single-person households is growing, and they often look for affordable coffee. • Consumers prefer value for money over expensive coffee.	• The prices of coffee beans and milk are rising. • Labor costs are increasing due to higher part-time wages (minimum wage increase).

E 팀 워크숍

1. 주제: 우리 주변 산업의 PESTEL 분석

목적	학생들이 PESTEL 분석을 직접 적용하여 외부 환경이 산업에 미치는 영향을 이해하고, 전략적 사고력을 기른다.	
활동 구성	산업 선택 및 역할 분담	• 팀별로 관심 있는 산업 1개 선택(예: 저가 커피, 편의점, 배달앱, 스마트폰, 온라인 패션 등) • PESTEL 6개 요소를 팀원끼리 분담
	정보 수집 및 분석	• 요소별로 기회(Opportunity)와 위협(Threat) 요소 정리 • 기사, 통계청, 산업부, 기업 홈페이지 등 신뢰할 수 있는 자료 검색 활용 • 팀원이 모여 자료 통합 및 정리
	발표	• 각 팀이 분석 결과를 발표

2. PESTEL 템플릿 예시_저가 커피 프랜차이즈

요소	기회 (Opportunities)	위협 (Threats)
P (정치)	• 정부가 작은 가게(소상공인) 창업을 도와준다. • 정부가 가맹점(점주)을 보호한다.	• 가맹사업법 개정으로 본사는 광고비를 더 내야 한다. • 세무 및 위생 단속이 강화된다.
E (경제)	• 1인 가구가 많아지고, 싼 커피를 많이 찾는다. • 사람들이 비싼 커피보다 가성비를 중요하게 생각한다.	• 커피 원두와 우유 가격이 오르고 있다. • 아르바이트 급여가 올라서 인건비가 높아진다(최저임금 상승).

Factor	Opportunities	Threats
S (Social)	• Takeout and delivery are becoming more popular, especially among the MZ generation.	• Customers of low-cost coffee brands tend to focus on price, so their brand loyalty is low
T (Technological)	• Kiosks and mobile ordering apps improve operational efficiency. • Big data can be used for targeted marketing.	• Installing kiosks or apps can be expensive. • Poor data protection can lead to serious problems.
E (Environmental)	• Using eco-friendly cups and paper straws can improve brand image. • ESG management are becoming increasingly important.	• Restrictions on disposable items like paper cups and plastic may increase packaging costs.
L (Legal)	• Following food safety regulations can help build customer trust.	• Labor laws and data privacy laws must be strictly followed.

요소	기회 (Opportunities)	위협 (Threats)
S (사회)	• MZ세대 중심으로 테이크아웃·배달이 증가하고 있다.	• 저가 커피 고객은 가격 중심으로 구매하기 때문에, 브랜드 충성도*가 낮다.
T (기술)	• 키오스크 및 모바일 주문 앱 확산으로 운영 효율성이 증가한다. • 빅데이터를 이용하여 마케팅을 할 수 있다.	• 키오스크나 앱을 설치할 때 돈이 많이 든다. • 고객 정보 보호를 잘하지 않으면 문제가 된다.
E (환경)	• 친환경 컵이나 종이 빨대를 쓰면 브랜드 이미지가 좋아진다. • ESG 활동이 점점 중요해진다.	• 종이컵, 비닐 등 일회용품 사용을 줄여야 해서 포장 비용이 더 든다.
L (법률)	• 식품 위생을 잘 지키면 고객 신뢰를 얻을 수 있다.	• 아르바이트 관련 법, 개인정보 보호법을 꼭 지켜야 한다.

* 충성도 : 고객이 어떤 브랜드를 계속 좋아하고 이용하는 정도

III

내부 환경 분석

Internal Environment Analysis

A What is Internal Environment Analysis?

A company can be compared to a person. If someone is physically strong and good at sports, they might become an athlete. But if they have no talent for music, it would be difficult for them to succeed as a singer. Likewise, a business needs to know what it is good at and what it lacks. This understanding helps the company decide what strategy to follow and which area to focus on.

Jay Barney argued that a firm's competitive advantage comes from its internal resources. This idea is called the Resource-Based View (RBV). According to this theory, a company can gain a competitive advantage if it possesses resources that are valuable, rare, inimitable, and organized within the firm. To identify such resources, a business must conduct a careful analysis of its internal environment.

Internal environment analysis is the process of identifying which resources and capabilities can become sources of competitive advantage.

Through this process, companies can develop strategies to leverage their strengths and address their weaknesses.

A 내부 환경 분석이란 무엇인가

기업은 사람과 비슷한 면이 있다. 어떤 사람이 운동을 잘하고 체력도 좋다면 운동선수로 성공할 가능성이 높다. 그러나 노래를 못한다면 가수로 성공하기는 어려울 것이다. 기업도 마찬가지이다. 우리 기업이 무엇을 잘하는지, 무엇이 부족한지를 알아야 한다. 그래야 어떤 전략을 세워야 할지, 어떤 사업에 집중해야 할지를 결정할 수 있다.

제이 바니(J. Barney)는 기업이 가진 자원이 기업의 경쟁력을 만든다고 주장하였다. 이를 자원기반이론(Resource Based View)이라고 한다.[17] 자원기반이론에 따르면 기업이 가치 있고, 희귀하며, 따라 하기 어렵고, 조직 안에서 잘 활용되는 자원을 가지고 있는 것이 중요하다. 이것이 기업의 성과에 긍정적인 영향을 미친다. 이런 자원을 찾기 위해 기업은 기업 내부의 환경을 잘 분석해야 한다.

내부 환경 분석은 우리 기업이 가진 자원 중에서 어떤 것이 경쟁력이 있는지 알아보는 과정이다. 이를 통해서 기업은 강점을 살리고, 약점은 보완하는 전략을 세울 수 있다.

---

17 Barney, J. (1991). Firm resources and sustained competitive advantage. Journal of management, 17(1), 99-120.

B Business Resources, Capabilities, Core Competencies, and Competitive Advantage

To begin analyzing a company's internal environment, we look at its business resources and capabilities. If a company can do something better than its competitors by using its resources and capabilities, this strength is called a core competency. A core competency helps a company gain a competitive advantage.

1. Business Resources

Business resources are the assets that a company owns. These include things like factories, technology, brand names, patents, and employee skills. A company must own and control its resources. Business resources can be divided into three types: tangible resources, intangible resources, and human resources.

① Tangible Resources

Tangible resources are physical assets that we can see and touch. Examples include factories, machines, buildings, and vehicles.

② Intangible Resources

Intangible resources are things we cannot see, but they are very important for a company. Examples include a brand name, good company image, and patents. These resources are hard for other companies to copy, so they help a company become more successful.

③ Human Resources

Human resources refer to the people who work in a company. Their knowledge,

B 경영자원, 역량, 핵심역량, 경쟁우위

내부 환경 분석의 시작은 기업이 가진 경영자원과 역량을 살펴보는 것이다. 우리 기업이 가지고 있는 경영자원과 역량을 바탕으로 경쟁 기업보다 더 잘할 수 있는 능력이 있다면, 그것이 우리 기업의 핵심역량이 된다. 핵심역량을 바탕으로 기업은 경쟁우위를 만들 수 있다.

1. 경영자원

경영자원은 우리 기업이 가지고 있는 자산을 말한다. 예를 들어 공장, 기술, 브랜드, 특허, 직원의 능력 등이 경영자원이다. 경영자원은 기업이 가지고 있고, 통제할 수 있어야 한다. 경영자원은 크게 유형자원, 무형자원, 인적자원으로 나눌 수 있다.

① 유형자원

유형자원은 눈에 보이고 만질 수 있는 자산을 말한다. 공장, 기계, 건물, 자동차 같은 것이 유형자원이다.

② 무형자원

무형자원은 눈에 보이지 않지만 기업에 꼭 필요한 자원이다. 기업의 브랜드 이름, 좋은 이미지, 특허권* 등이 대표적인 무형자원이다. 이런 자원은 경쟁사들이 쉽게 따라 할 수 없기 때문에 기업의 성과에 큰 도움이 된다.

* 특허권 : 새로운 기술이나 아이디어에 국가가 보호해 주는 권리

③ 인적자원

인적자원은 기업에서 일하는 사람들을 말한다. 사람들의 지식, 기술, 경험, 함께

skills, experience, and teamwork are part of human resources. A company with strong human resources can create new ideas and solve difficult problems together.

Business resources are very important for a company's growth and success in the market. Companies that use their tangible, intangible, and human resources well can make better strategies.

Examples of Business Resources

- Samsung Electronics has one of the best semiconductor factories in the world. → Tangible resource
- Apple has a world-famous brand. → Intangible resource
- Hyundai Motor Company has many skilled engineers who are good at designing and making cars. → Human resource

2. Capabilities

Capabilities are the company's ability to use its resources well and produce good results. Even if a company has great resources, it will not succeed if it cannot use them effectively. So, the ability to use resources well is very important.

For example, Starbucks has many stores around the world, good coffee machines, and well-trained staff. These are Starbucks' business resources. But what makes Starbucks special is that no matter where you go, the coffee tastes the same and the service is friendly. This shows that Starbucks has strong capabilities—it uses its resources well.

In conclusion, it's not enough for a company to just have many resources. It must also have the capability to use them effectively.

일하는 방법 등이 인적자원이다. 인적자원이 풍부한 기업은 새로운 아이디어도 많이 내고, 어려운 문제를 함께 해결할 수 있다.

경영자원은 기업이 잘 성장하고 경쟁에서 이기기 위해 꼭 필요한 요소이다. 유형자원, 무형자원, 인적자원을 잘 활용하는 기업일수록 더 좋은 전략을 세울 수 있다.

경영자원의 예

- 삼성전자는 세계 최고 수준의 반도체 공장을 가지고 있다. → 유형자원
- 애플은 세계적으로 유명한 브랜드를 가지고 있다. → 무형자원
- 현대자동차에는 자동차를 잘 설계하고 만드는 유능한 기술자가 많다. → 인적자원

2. 역량

역량이란 기업이 가진 자원을 잘 활용해서 실제로 성과를 내는 능력을 말한다. 아무리 좋은 자원을 가지고 있어도 그것을 잘 활용하지 못하면 좋은 결과를 얻을 수 없다. 그래서 기업이 경영자원을 효과적으로 활용하는 능력은 매우 중요하다.

예를 들어, 스타벅스는 전 세계 매장과 좋은 커피머신, 잘 훈련된 직원을 가지고 있다. 이런 것들이 스타벅스의 경영자원이다. 하지만 스타벅스가 더 특별한 이유는 어디서 커피를 마셔도 항상 같은 맛과 친절한 서비스를 받을 수 있기 때문이다. 이것은 스타벅스가 경영자원을 잘 활용할 수 있는 역량을 가지고 있기 때문이다.

따라서 기업이 성공하려면 단순히 많은 경영자원을 보유하는 것보다, 그 자원을 얼마나 효과적으로 활용하는지가 훨씬 더 중요하다.

3. Core Competencies

Core competencies are the special abilities that a company can do much better than its competitors. A core competency gives unique value to customers and is something that other companies cannot easily copy.

- **Example of a Core Competency – Hyundai Motor's After-Sales Service (A/S) in Korea**

Hyundai Motor has service centers all over Korea, a fast system for delivering car parts, and friendly staff who help customers. Hyundai Motor Company uses these management resources to provide high-quality after-sales service (A/S) to its customers. This service not only satisfies customers but also increases their loyalty and improves the brand image. Foreign car companies in Korea find it difficult to copy this level of service. This is why Hyundai's A/S capability is considered a core competency.

4. Competitive Advantage

Competitive advantage means that a company can either make products at a lower cost than competitors (cost leadership), or provide higher value to customers (differentiation). A competitive advantage comes from the company's core competencies. If a company has strong core competencies, it can use them to become stronger than its competitors.

For example, Costco uses a strategy of buying and selling in large quantities to keep prices low. This is a cost leadership strategy. On the other hand, Hyundai Motor offers high-quality after-sales service by using genuine parts, accurate repairs, expert skills, and offering the same high service quality across the country. This is a differentiation strategy.

3. 핵심역량

핵심역량은 다른 기업보다 우리 기업이 훨씬 더 잘할 수 있는 특별한 역량을 말한다. 핵심역량은 고객에게 특별한 가치를 제공하며, 경쟁사들이 쉽게 따라올 수 없는 우리 기업의 핵심이 되는 역량이다.

▪ 핵심역량 사례_현대자동차 국내 A/S(애프터서비스) 역량

현대자동차는 국내 어디서든 쉽게 찾을 수 있는 전국 서비스 센터와 신속한 부품을 공급하는 시스템, 친절하게 고객을 응대하는 직원들을 보유하고 있다. 현대자동차는 이러한 경영자원을 활용하여 수준 높은 A/S(애프터서비스)를 고객에게 제공하고 있다. 이러한 서비스는 단순히 고객 만족을 넘어서, 고객의 충성도를 높이고 브랜드 이미지를 강화하는 데 큰 역할을 하고 있다. 이러한 A/S 역량은 한국에 진출한 해외 자동차 기업이 쉽게 모방하기 어렵다. 따라서 이것은 현대자동차의 핵심역량이다.

4. 경쟁우위

경쟁우위란 우리 기업이 경쟁사보다 더 낮은 비용으로 제품을 만들거나(비용우위), 또는 더 높은 가치를 고객에게 제공할 수 있는 능력을 말한다(차별화). 경쟁우위는 핵심역량에서 나온다. 기업이 핵심역량을 가지고 있다면, 그것을 활용해 경쟁사보다 더 유리한 위치에 설 수 있다.

예를 들어, 코스트코는 대량으로 물건을 사고, 파는 구조를 통해 가격을 낮추는 전략을 사용한다. 이것은 비용우위 전략이다. 현대자동차의 A/S는 정품* 부품 사용, 정확한 수리, 전문적인 기술, 그리고 전국 어디서나 동일한 품질을 보장하는 전략을 사용한다. 이것은 차별화 전략이다.

* 정품 : 기업에서 공식으로 만든 진짜 제품

In this way, companies use their core competencies to create a competitive advantage, and with this advantage, they can survive and grow in the market for a long time.

• Hyundai Motor's After-Sales Service Example

Business Resources	• Service centers found easily across the country • Fast car parts supply system • Friendly customer service
Capabilities	• Providing the same quality of service at all service centers
Core Competency	• After-Sales Service in Korea (A/S)
Competitive Advantage	Runs premium service centers using genuine parts, accurate repairs, and expert skills → *Differentiation*

• Key Concepts in Internal Analysis

Term	Meaning	Example
Internal Environmental Analysis	The process of identifying strengths and weaknesses by evaluating resources and capabilities	"What can we do well?"
Resources	Assets owned by the company	Factories, patents, brand, employee skills
Capabilities	Ability to use resources effectively	Fast production, strong marketing
Core Competency	Unique ability to outperform competitors	Apple's design, Coupang's logistics, Hyundai's service
Competitive Advantage	A favorable position over competitors through lower cost or better value	Lower price or higher product quality

이와 같이 기업은 자신만의 핵심역량을 바탕으로 경쟁우위를 만들고, 그 경쟁우위를 통해 시장에서 더 오래 안정적으로 살아남을 수 있다.

• 현대자동차 A/S 사례

경영자원	• 전국 어디서나 쉽게 찾을 수 있는 서비스 센터 • 신속한 부품 공급 시스템 • 친절한 고객 응대*
역량	• 모든 서비스 센터에서 동일한 품질의 서비스 제공
핵심역량	• 국내 A/S(애프터서비스)
경쟁우위	정품 부품 사용, 정확한 수리, 전문적인 기술을 바탕으로 프리미엄 서비스 센터 운영 → 차별화 전략

* 응대 : 누군가 말을 하거나 요청했을 때, 그것에 대해 말하거나 행동하는 것

• 내부 환경 분석의 주요 개념

구분	설명	예시
내부 환경 분석	경영자원과 역량을 살펴보고 강점과 약점을 확인하는 과정	"우리는 어떤 일을 잘할 수 있는가?"를 분석한다.
경영자원	기업이 가지고 있는 자산	공장, 특허권, 브랜드 이미지, 직원 등
역량	경영자원을 잘 활용하는 능력	빠른 생산, 탁월한 마케팅 등
핵심역량	다른 기업보다 더 잘할 수 있는 능력	현대차의 서비스, 애플의 디자인, 쿠팡의 물류센터 시스템 등
경쟁우위	경쟁자보다 유리한 위치를 차지하는 것	가격이 더 싸거나, 제품 품질이 더 좋을 때 경쟁우위가 생긴다.

C VRIO Framework

1. What is VRIO?

The VRIO analysis is a widely used tool to identify a company's core competencies. It helps determine whether a company's resources (such as money, technology, people, and brand) or capabilities (such as production efficiency or marketing skills) can truly become a sustainable competitive advantage.

The word VRIO is formed from the first letters of four strategic questions. If the answer to all four questions is "Yes," then the resource or capability can be a core competency that provides the company with a sustainable competitive advantage.

① V_Value

- Question: Does this resource or capability provide value to customers or help the company earn profits or reduce costs?
- The value criterion checks whether the resource helps the firm improve performance. Even if a company owns a resource, it has no meaning unless it contributes to customer satisfaction or financial performance.

② R_Rarity

- Question: Is this resource or capability unique to our company, or is it owned by only a few others?
- Rarity asks whether the resource is widely available to competitors. If many firms have it, it won't create a competitive advantage. But if few or no competitors have it, it is rare.

C VRIO 분석[18]

1. VRIO의 정의

VRIO 분석은 기업의 핵심역량을 찾아주는 대표적인 방법이다. VRIO 분석은 기업의 자원(예, 돈, 기술, 직원, 브랜드)이나 역량(예, 생산 역량, 마케팅 역량)이 정말로 핵심역량이 될 수 있는지를 확인하는 방법이다. 각각의 질문에 '네'라고 대답할 수 있다면, 그 자원이나 역량은 기업에 지속적인 경쟁우위를 가져다줄 수 있는 핵심역량이 될 수 있다.

① V (Value)_가치

- 질문: 우리 기업의 자원이나 역량이 고객들에게 가치를 주거나, 기업이 돈을 버는 데 도움이 되는가?
- 가치는 경영자원과 역량이 고객에게 도움이 되는지, 또는 기업이 돈을 벌거나 비용을 줄이는 데 도움이 되는지를 보는 기준이다. 경영자원과 역량이 있어도 그것이 기업의 성과에 도움이 되지 않으면 큰 의미가 없다.

② R (Rarity)_희소성

- 질문: 우리 기업만 가지고 있거나, 아주 적은 기업만 가지고 있는 특별한 경영자원이나 역량이 있는가?
- 희소성은 기업이 가지고 있는 경영자원과 역량을 다른 기업들도 가지고 있는

---

18 Barney, J. (1991). Firm resources and sustained competitive advantage. Journal of management, 17(1), 99-120.
Barney, J. B., & Hesterly, W. S. (2019). Strategic management and competitive advantage: Concepts and cases. Pearson.

③ I_Inimitability

- Question: Is it difficult for competitors to imitate this resource or capability?
- Inimitability means that the resource cannot be easily copied or acquired by other firms. If competitors can quickly replicate it, the advantage won't last long.

④ O_Organized

- Question: Is our company organized to fully exploit this resource or capability?
- Organization refers to whether the firm has the structure, systems, and culture needed to use the resource effectively. Even if a resource is valuable, rare, and hard to imitate, it will not lead to success unless the company is organized to take full advantage of it.

2. Case Study: VRIO Analysis _ Coupang

① V (Value)

Coupang's delivery system allows customers to receive items the next day, even if they place an order late at night. This is especially valuable for busy office workers and dual-income households. Since customers can receive what they need quickly without waiting, this resource clearly provides significant value.

② R (Rarity)

Although there are many online shopping platforms in Korea, few companies operate both their own logistics centers and in-house delivery staff like Coupang.

지 아닌지를 보는 기준이다. 모든 기업이 가지고 있는 경영자원과 역량이라면 경쟁에서 이길 수 없다. 반대로 몇몇 기업만 가지고 있다면 그 경영자원과 역량은 희소하다고 할 수 있다.

③ I (Inimitability)_**모방불가능성**
- 질문: 다른 기업들이 우리 기업의 경영자원이나 역량을 쉽게 따라 할 수 없는가?
- 모방불가능성이란 다른 기업이 우리의 경영자원이나 역량을 쉽게 따라 할 수 있는지 없는지를 보는 기준이다. 만약 다른 기업이 쉽게 흉내 낼 수 있다면, 그 경영자원과 역량은 오래 가지 못하는 경쟁력이 된다.

④ O (Organized)_**조직화**
- 질문: 우리 기업은 이 특별한 경영자원과 역량을 잘 활용할 수 있는 시스템과 과정이 있는가?
- 조직화는 기업이 경영자원과 역량을 잘 활용할 수 있도록 시스템과 과정을 갖고 있는지를 보는 기준이다. 경영자원과 역량이 가치 있고, 희소하며, 따라 하기 어려워도, 그것을 잘 활용하지 못하면 효과가 없다.

2. VRIO 분석 사례_쿠팡

① V (Value)_**가치**

쿠팡의 배송 시스템은 고객이 밤에 주문해도 다음 날에 받을 수 있도록 도와준다. 특히 바쁜 직장인이나 맞벌이 가정에서는 이 빠른 배송이 매우 유용하다. 고객이 기다릴 필요 없이 필요한 물건을 빠르게 받을 수 있기 때문이다. 이 경영자원은 분명한 가치를 가진다.

② R (Rarity)_**희소성**

한국에는 많은 온라인 쇼핑몰이 있지만, 쿠팡처럼 자체 물류센터와 배송 직원을 모두 운영하는 기업은 매우 적다. 대부분 기업은 택배 기업을 이용하지만, 쿠팡

Most competitors rely on third-party courier services, but Coupang directly hires its delivery drivers (called Coupang Friends) and manages its own warehouse system. This makes the resource rare in the Korean e-commerce market.

③ I (Inimitability)

Coupang has invested heavily in building its logistics infrastructure and developing its delivery system over time. Due to the large financial investment and time required, it is very difficult for other companies to replicate. In addition, Coupang uses AI technology to automatically manage delivery routes and inventory, making the system even harder to imitate. Thus, this resource is difficult for competitors to copy.

④ O (Organized)

Coupang's delivery system is fully supported by an integrated organizational structure, including logistics, IT, customer service, and delivery teams. When a customer places an order, the system automatically selects the nearest warehouse, and a Coupang Friend delivers the product quickly. This shows that Coupang is well-organized and fully capable of using this resource effectively.

• VRIO Analysis of Coupang's Delivery System

Element	Explanation	Coupang's Delivery System
Value	Does it provide value to customers?	Provides great convenience to customers.
Rarity	Is it a resource that competitors do not have?	Has a unique in-house logistics system in Korea.
Inimitability	Is it difficult for others to imitate?	Difficult to copy due to time, cost, and technology barriers.
Organized	Does the company have a system to fully utilize the resource?	The entire company is structured to support efficient delivery operations.

은 직접 고용한 배송기사(쿠팡친구)와 자체 창고 시스템을 가지고 있다. 따라서 이 경영자원과 역량은 희소성이 있다.[19]

③ I (Inimitability)_모방불가능성

쿠팡은 많은 돈을 투자해 물류센터를 만들고 시스템을 개발해 왔다. 이처럼 많은 시간과 비용이 들어가기 때문에 다른 기업이 유사한 시스템을 만들기는 매우 어렵다. 또한 쿠팡은 AI를 이용해 배송 경로와 재고를 자동으로 관리하는 기술도 갖고 있다. 따라서 이 경영자원과 역량은 모방하기 어렵다.

④ O (Organized)_조직화

쿠팡은 이 배송 시스템을 잘 활용할 수 있도록 물류팀, IT팀, 고객센터, 배송팀을 하나의 시스템으로 연결하여 운영하고 있다. 고객이 주문하면, 시스템이 자동으로 가장 가까운 물류센터에서 물건을 찾고, 배달기사가 빠르게 배송한다. 이처럼 쿠팡은 조직적으로 잘 준비되어 있으므로 조직화 측면에서도 강점이 있다.

• **쿠팡 배송시스템의 VRIO 분석**

항목	설명	쿠팡의 배송시스템
가치(Value)	고객에게 가치를 주는가?	고객에게 큰 편리함을 제공한다.
희소성(Rarity)	다른 기업에 없는 경영자원인가?	한국에서는 자체 물류시스템을 갖고 있는 기업이 많지 않다.
모방불가능성 (Inimitability)	따라 하기 힘든가?	시간, 비용, 기술 측면에서 다른 기업이 모방하기 어렵다.
조직화 (Organized)	기업에 이 경영자원을 잘 활용할 수 있는 시스템이 있는가?	기업 전체가 배송일을 잘할 수 있도록 시스템을 만들었다.

19 국방신문 (2025. 06. 05). 쿠팡 "쿠친은 모두 직접고용...지입제 택배기사와 달라". https://www.babytimes.co.kr/news/articleView.html?idxno=40308

Therefore, Coupang's Rocket Delivery system meets all four criteria of the VRIO framework, making it a core competency and a resource that provides a sustainable competitive advantage.

따라서 쿠팡의 로켓배송 시스템은 VRIO 네 가지 조건을 모두 충족하는 핵심역량이며, 지속 가능한 경쟁우위를 만들어내는 경영자원이라고 볼 수 있다.

D Value Chain Analysis

1. What is Value Chain Analysis?

Value chain analysis is a method that looks at all the steps a company takes to make a product or service and deliver it to customers. It breaks these steps into stages and checks where and how much value is created in each stage. This idea was introduced by Michael Porter.

By using value chain analysis, a company can find out its strengths and weaknesses in each stage. It can also discover core competencies that help build a competitive advantage.

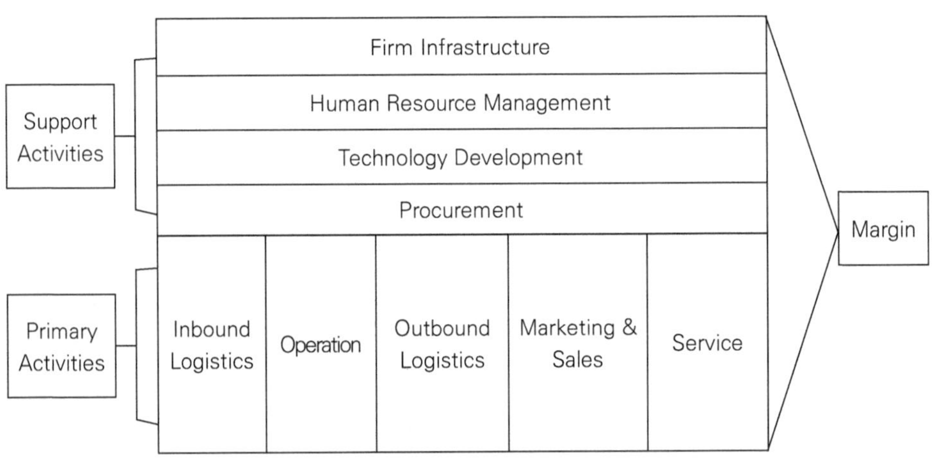

Value Chain Analysis

D 가치사슬 분석

1. 가치사슬 분석의 정의[20]

가치사슬 분석은 기업이 제품이나 서비스를 만들고 고객에게 전달하기까지의 모든 활동을 단계별로 나누어, 어디에서 얼마나 가치를 만들어내는지를 분석하는 방법이다. 이 분석은 마이클 포터(Michael Porter)가 제안하였다.

가치사슬 분석을 하면, 기업의 강점과 약점이 어느 단계에서 나타나는지를 알 수 있고, 그 안에서 경쟁우위를 만들 수 있는 핵심역량도 발견할 수 있다.

가치사슬 분석

20 Porter, M. E. (1985). Competitive advantage: Creating and sustaining superior performance. Free Press.

2. Primary Activities

Primary activities are the main actions a company takes to make a product and deliver it to customers. There are five key activities:

① Inbound Logistics

These are activities for receiving, organizing, and storing the materials or information needed to prepare products or services. For example, bringing raw materials or parts from suppliers, storing them in a warehouse, and moving them to the factory. In a hospital, preparing for patient treatment is also part of inbound logistics.

② Operations

These are activities to make the product or provide the service. For example, making coffee or treating a patient is part of operations.

③ Outbound Logistics

These are activities to deliver the product or service to the customer. Examples include sending a finished product by delivery service, or showing a completed movie in a theater.

④ Marketing and Sales

These are activities that let customers know about the product and make them want to buy it. Examples include advertising, promotions, and discount events.

⑤ Customer Service

These activities help customers feel satisfied even after buying the product. Examples include operating an after-sales (A/S) center and a customer service center.

2. 주활동

주활동은 기업이 제품을 만들고 고객에게 전달하는 데 직접적으로 관련된 활동들이다. 다음과 같은 다섯 가지 활동으로 구성된다.

① 내부 물류

기업이 제품이나 서비스를 준비하기 위해 필요한 재료나 정보를 받아오고, 정리하고, 저장하는 활동이다. 예를 들어, 제품을 만들기 위해 필요한 원자재*나 부품을 외부에서 받아와, 창고에 저장하고 공장으로 이동시키는 활동 또는 병원에서 진료를 준비하는 활동이 내부 물류에 해당한다.

* 원자재 : 제품을 만들기 전에 사용하는 기본 재료

② 운영

제품을 만들거나 서비스를 제공하는 활동이다. 예를 들어, 커피를 만들거나, 환자를 치료하는 일이 여기에 포함된다.

③ 외부 물류

제품이나 서비스를 고객에게 전달하는 활동이다. 완성된 제품을 택배로 보내거나, 완성된 영화를 극장에서 상영하는 것이 여기에 포함된다.

④ 마케팅 및 판매

고객에게 제품을 알리고 사고 싶게 만드는 활동이다. 광고, 판촉, 할인 행사 등이 여기에 포함된다.

⑤ 고객 서비스

고객이 제품을 산 후에도 만족할 수 있도록 도와주는 활동이다. 예를 들어 고장 난 물건을 고치거나, 고객의 질문에 답해주는 것이 여기에 해당한다.

3. Support Activities

Support activities help the primary activities work well. They are important for the overall operation of the company.

① Firm Infrastructure

These are activities that help the company run well, such as making plans and managing money.

② Human Resource Management

These are activities for hiring good employees, training them, and giving them rewards.

③ Technology Development

This includes activities to develop new products or improve the production process. The R&D team and product design team are involved in technology development.

④ Procurement

These are activities for buying raw materials, parts, or equipment and making contracts with suppliers. For example, a hospital buying medical devices or a café buying coffee beans.

4. Case Study: Value Chain Analysis _ CJ ENM

a) CJ ENM's Value Chain

CJ ENM is a comprehensive content company that produces various types of content such as movies, dramas, and entertainment shows. The company owns Studio Dragon, which creates content, and also operates CGV movie theaters, as

3. 보조활동

보조활동은 주활동을 잘할 수 있도록 도와주는 활동이다. 기업 전체의 운영을 가능하게 해주는 중요한 역할을 한다.

① 기업 하부구조

기업이 잘 돌아가도록 계획을 세우고, 돈을 관리하는 활동이다.

② 인적 자원 관리

좋은 직원을 뽑고 교육하고 보상*하는 활동이다.

* 보상 : 급여, 상여 등 열심히 일한 직원에게 주는 돈이나 선물

③ 기술 개발

새로운 제품을 개발하거나 생산과정을 더 좋게 만들기 위한 활동이다. R&D 팀, 제품 설계 팀 등이 기술 개발에 참여한다.

④ 구매·조달*

원자재, 부품, 설비 등을 구매하고 협력업체와 계약하는 활동이다. 예를 들어, 병원에서 의료기기를 사거나, 카페에서 원두를 사는 활동이다.

* 조달 : 기업에 필요한 물건이나 자원을 밖에서 사 오거나 준비하는 것

4. 가치사슬 분석 사례-CJ ENM

a) CJ ENM 가치사슬 분석

CJ ENM은 영화, 드라마, 예능 등 다양한 콘텐츠를 만드는 종합 콘텐츠 기업이다. 이 기업은 콘텐츠를 직접 제작하는 스튜디오드래곤과 콘텐츠를 상영하고 배급하는 CGV(영화관), tvN(방송), TVING(OTT)을 운영하고 있다.

well as TV channels like tvN and the TVING streaming platform to distribute and show the content.

• **Value Chain Analysis of CJ ENM**

Category	Activity	Description
Primary Activities	Inbound Logistics	Secure and manage scripts, actors, filming equipment, and production locations needed to create content.
	Operation	Directly produce content such as dramas and movies.
	Outbound Logistics*	Deliver completed content to customers through CGV cinemas, TV channels (tvN), and OTT platforms (TVING).
	Marketing and Sales	Release trailers, share posters, and run social media campaigns before content is launched.
	Customer Service	Operate viewer message boards and recommend content that customers may like.
Support Activities	Firm Infrastructure	Departments such as finance, strategic planning, and legal affairs support the overall business of CJ ENM.
	Human Resource Management	CJ ENM hires, trains, and manages skilled professionals like famous producers, writers, actors, and marketers.
	Technology Development	CJ ENM invests in technologies for post-production, including video editing, sound engineering, and OTT system development.
	Procurement	CJ ENM sources essential production resources—such as filming and sound equipment—through contracts with partners.

* Outbound logistics: the process of delivering the final product or service to the customer. Although these are part of the CJ Group, they function independently as distribution channels.

• **CJ ENM의 가치사슬 분석**

구분	활동	내용
주활동	내부 물류	콘텐츠 제작에 필요한 시나리오, 배우 섭외, 촬영 장비, 제작 장소 등을 미리 확보하고 관리한다.
	운영	드라마와 영화 등 콘텐츠를 직접 제작한다.
	외부 물류*	완성한 콘텐츠를 영화관(CGV), TV 채널(tvN), OTT 플랫폼(TVING)을 통해 고객에게 전달한다.
	마케팅 및 판매	콘텐츠 개봉 전에 예고편을 공개하고, 포스터를 배포하고, SNS 캠페인을 진행한다.
	고객 서비스	시청자 게시판을 운영하고, 고객이 좋아할 콘텐츠를 추천하는 서비스를 제공한다.
보조 활동	기업 하부구조	재무, 전략기획, 법무부 등 다양한 조직이 CJ ENM 전체 사업을 보조하고 있다.
	인적 자원 관리	유명한 PD와 작가, 배우, 마케터 등 전문 인재**를 채용하고, 교육하고, 관리하고 있다.
	기술 개발	콘텐츠 후반*** 작업에 필요한 영상 편집 기술, 음향 기술, OTT 시스템 개발 등에 투자하고 있다.
	구매·조달	촬영 장비, 음향 장비 등 콘텐츠 제작에 필요한 자원을 협력사와 계약을 통해 조달한다.

* 외부 물류 : 소비자에게 전달하는 과정을 의미함. CGV, tvN, TVING은 CJ 그룹 소속이어도 기능적으로는 독립된 유통채널로 작용함

** 인재 : 일을 잘하고, 기업에 도움이 되는 사람

*** 후반 : 마지막 부분

b) Key Insights from CJ ENM's Value Chain Analysis

① Strength of Vertical Integration (Production to Distribution)

CJ ENM shows strong connections between inbound logistics (securing scripts, actors, and equipment), operations (content production), and outbound logistics (distribution through CGV, tvN, and TVING). This means CJ ENM directly controls the entire process—from planning and production to distribution. For example, CJ ENM can deliver a drama produced by Studio Dragon directly to tvN or TVING. This helps reduce middleman costs and allows quick feedback to improve the content.

② Content Planning and Production Capabilities

CJ ENM's support activities—such as human resource management (e.g., hiring top producers, writers, and actors) and investment in technology development (e.g., editing and sound technologies)—strongly support its inbound logistics and operations. This helps CJ ENM produce high-quality content and offer fresh experiences to customers.

These two elements are the core competencies identified through value chain analysis. They are difficult for competitors to copy. With these strengths, CJ ENM leads the Korean content industry and is expanding its influence in the global market.

b) CJ ENM 가치사슬 분석의 시사점

① 수직적 통합*의 강점 (제작-유통)

CJ ENM은 내부 물류(시나리오, 배우, 장비 확보), 운영(제작), 외부 물류(CGV, tvN, TVING)가 서로 잘 연결되어 있다. 이는 콘텐츠 기획부터 제작, 유통까지 CJ ENM이 직접 통제하고 있다는 것을 보여준다. CJ ENM은 스튜디오드래곤에서 제작한 드라마를 tvN이나 TVING에 바로 공급함으로써 중간 비용을 줄일 수 있다. 또한 빠른 피드백을 통해 콘텐츠를 개선할 수 있다.

* 수직적 통합 : 한 기업이 제품 제작, 유통 등 여러 단계의 일을 직접 하는 것

② 콘텐츠 기획 및 제작 역량

CJ ENM의 인적 자원 관리(예, 유명한 PD, 작가, 배우 섭외)와 기술 개발 투자(예, 영상 편집 기술, 음향 기술)는 내부 물류와 운영 활동이 잘 될 수 있도록 보조역할을 하고 있다. 이는 좋은 품질의 콘텐츠를 제작하여 고객들에게 새로운 경험을 제공하는 데 도움을 준다.

위 두 가지 요소가 가치사슬 분석을 통해 확인한 CJ ENM의 핵심역량이다. 이 역량은 다른 경쟁자들이 쉽게 모방하기 어렵다. CJ ENM은 이러한 핵심역량을 가지고 국내 콘텐츠 시장을 이끌고 있으며, 글로벌 시장에서도 영향력을 확대하고 있다.

E Summary and Key Terms

Internal environment analysis is the process of checking a company's business resources and capabilities to understand its strengths and weaknesses. A company should find its core competencies—special strengths based on its resources (e.g., factories, technology, brand) and its ability to use them well—and use them to gain a competitive advantage. Two useful tools for this are VRIO analysis and value chain analysis.

Term	Explanation
Internal Environment Analysis	The process of identifying strengths and weaknesses by evaluating resources and capabilities
Business Resources	Assets owned by the company
Capabilities	Ability to use resources effectively
Core Competencies	Unique ability to outperform competitors
Competitive Advantage	A favorable position over competitors through lower cost or better value
VRIO Analysis	A tool used to analyze whether a company's resources or capabilities can provide a sustainable competitive advantage
Value Chain Analysis	A method to divide company activities into primary and support activities to find where value is created

E 요약 및 주요 용어

내부 환경 분석은 기업이 가진 경영자원과 역량을 확인해 기업의 강점과 약점을 분석하는 과정이다. 기업은 경영자원(예, 공장, 기술, 브랜드)과 그것을 잘 활용하는 능력인 역량을 바탕으로, 경쟁사보다 뛰어난 '핵심역량'을 찾고 이를 통해 경쟁우위를 확보해야 한다. 대표적인 분석 방법으로 VRIO분석과 가치사슬분석이 있다.

용어	설명
내부 환경 분석	경영자원과 역량을 살펴보고 강점과 약점을 확인하는 과정
경영자원	기업이 가지고 있는 자산
역량	경영자원을 잘 활용하는 능력
핵심역량	다른 기업보다 더 잘할 수 있는 능력
경쟁우위	경쟁자보다 유리한 위치를 차지하는 것
VRIO 분석	기업이 가지고 있는 자원이나 역량이 지속 가능한 경쟁 우위를 가져올 수 있는지 분석하는 도구
가치사슬 분석	기업이 가치를 만들어내는 과정을 주활동과 보조활동으로 구분하고, 단계별로 분석하는 방법

F Team Workshop

1. Company Comparison - Who Performs Better?

<table>
<tr><td>Purpose</td><td colspan="2">To analyze the core competencies of real companies using the VRIO framework. This helps students understand how companies build competitive advantage.</td></tr>
<tr><td rowspan="3">Workshop Activities</td><td>Choose a Company Pair</td><td>Select one of the following pairs for analysis:
- Apple vs. Samsung Electronics
- Netflix vs. Disney+
- Baemin vs. Coupang Eats
- Nike vs. Adidas</td></tr>
<tr><td>Research and Information Collection</td><td>Gather and organize information about the two companies:
① Company Overview
Include main products/services, market share, etc.
② Compare Core Competencies
Identify and compare at least three key strengths such as:
- Technology
- Brand value
- Marketing power
- Talent (human resources)

* Guidelines for Selecting Resources or Capabilities
Only include resources that affect company performance. Focus on areas that clearly differentiate one company from the other. Make sure each selected resource can be explained using all four VRIO criteria.

③ Create a VRIO Analysis Table
Evaluate whether each company's core resource meets the four VRIO criteria
④ Overall Evaluation
Decide which company has a stronger competitive advantage and explain why.</td></tr>
<tr><td>Presentation</td><td>Each team presents their analysis</td></tr>
</table>

F 팀 워크숍

1. 주제: 기업 비교 분석: 누가 더 잘하는가?

<table>
<tr><td>목적</td><td colspan="2">실제 기업의 VRIO 분석을 하여 그 기업의 핵심역량을 확인한다. 이를 통해 경쟁우위를 분석한다.</td></tr>
<tr><td rowspan="3">활동구성</td><td>기업 선택</td><td>아래 기업 중 하나를 선택한다.
- 애플 VS 삼성전자
- 넷플릭스 VS 디즈니+
- 배달의 민족 VS 쿠팡이츠
- 나이키 VS 아디다스</td></tr>
<tr><td>조사 및 정보 수집</td><td>두 기업의 정보를 찾아 정리한다.
① 기업 소개
주요 제품 (서비스), 시장 점유율 등

② 핵심역량 비교
기술력, 브랜드, 마케팅, 인재 등 3개 이상의 핵심역량을 찾아 비교한다.

* 경영자원 또는 역량 선정 기준
- 기업의 성과에 영향을 줄 수 있는 경영자원만 포함한다.
- 경쟁사와 차별화된 부분을 중심으로 선정한다.
- VRIO의 4가지 항목을 모두 설명할 수 있는 것으로 선정한다.

③ VRIO 분석표 작성
각 기업의 핵심자원이 VRIO 4가지 요소를 만족하는지 평가한다.

④ 종합 평가
어떤 기업이 더 강한 경쟁우위를 가졌는지 판단하고 이유를 작성한다.</td></tr>
<tr><td>발표</td><td>각 팀이 분석한 결과를 발표한다.</td></tr>
</table>

2. VRIO Analysis Template Example: Starbucks vs A Twosome Place

a) Starbucks – VRIO Analysis

Resource / Capability	Value	Rarity	Inimita-bility	Organ-ized	Competitive Advantage	Reason
Global Brand Recognition	Yes	Yes	Yes	Yes	Sustainable Competitive Advantage	Known worldwide as a premium brand; hard for Korean brands to copy
Premium Coffee Bean Supply Chain	Yes	Yes	Yes	Yes	Sustainable Competitive Advantage	Uses direct trade & fair trade systems for unique bean quality
Customer Loyalty Program	Yes	Yes	No	Yes	Temporary Competitive Advantage	App and membership are common, but Starbucks operates them very well
Store Design & Atmosphere	Yes	No	No	Yes	Competitive Parity	Many cafes now have similar designs and mood

b) A Twosome Place – VRIO Analysis

Resource / Capability	Value	Rarity	Inimita-bility	Organ-ized	Competitive Advantage	Reason
High-Quality Desserts	Yes	Yes	Yes	Yes	Sustainable Competitive Advantage	Strong ability to lead dessert trends with excellent quality
Domestic Brand Image	Yes	No	No	Yes	Competitive Parity	Has a premium image, but weaker than Starbucks
Store Design & Atmosphere	Yes	No	No	Yes	Competitive Parity	Many cafes now have similar designs and mood

2. VRIO 분석 템플릿 예시: 스타벅스 VS 투썸플레이스

a) 스타벅스

경영자원 또는 역량	가치	희소성	모방 불가능성	조직화	경쟁우위 가능성	이유
글로벌 인지도	예	예	예	예	지속적 경쟁우위*	전 세계에 알려진 프리미엄 브랜드로 한국 브랜드가 따라 하기 어려움
프리미엄 커피 원두 공급망	예	예	예	예	지속적 경쟁우위	직거래 및 공정무역 시스템으로 차별화된 원두 품질 확보
고객 충성도 프로그램	예	예	아니오	예	일시적 경쟁우위**	앱과 멤버십은 다른 카페에서도 할 수 있으나 스타벅스의 운영은 매우 우수함
매장 인테리어 및 분위기	예	아니오	아니오	예	경쟁균형***	최근 많은 카페가 유사한 분위기를 연출하고 있음

* 지속적 경쟁우위 : 경쟁자가 쉽게 따라 할 수 없어 오랫동안 유지됨

** 일시적 경쟁우위 : 경쟁자들이 쉽게 따라 할 수 있어 오래 유지되지 않음

*** 경쟁균형 : 경쟁자들과 비슷한 수준으로 뚜렷한 차이가 없음

b) 투썸플레이스

경영자원 또는 역량	가치	희소성	모방 불가능성	조직화	경쟁우위 가능성	이유
좋은 품질의 디저트	예	예	예	예	지속적 경쟁우위	좋은 품질의 디저트를 선도적으로 출시하는 역량이 뛰어남
국내 브랜드 이미지	예	아니오	아니오	예	경쟁균형	프리미엄 이미지가 있지만 스타벅스보다 낮은 수준
매장 인테리어 및 분위기	예	아니오	아니오	예	경쟁균형	최근 많은 카페가 유사한 분위기를 연출하고 있음

▪ Overall Evaluation

Starbucks has two resources that meet all four VRIO criteria, giving it sustainable competitive advantages. A Twosome Place has one business resource that meets all four VRIO criteria. A Twosome Place has a well-organized system, but it is weak in rarity and inimitability.

Conclusion: Starbucks has a stronger competitive advantage than A Twosome Place.

▪ **종합 평가**

스타벅스는 VRIO 네 가지 조건을 모두 충족하는 경영자원이 2개 있다. 투썸플레이스는 VRIO 네 가지 조건을 모두 충족하는 경영자원이 1개 있다. 투썸플레이스는 조직화된 시스템을 갖추었지만, 희소성, 모방불가능성 부분에서 약하다. 따라서 두 브랜드를 비교했을 때, 스타벅스가 더 강력한 경쟁우위를 가지고 있다고 판단할 수 있다.

IV

사업부 수준의 전략

Business-Level Strategy

A What Is Business-Level Strategy?

A company uses different strategies to sell more of its products or services in the market. These strategies are called business-level strategies. They focus on how one specific business unit (not the whole company) competes in the market.

For example, LG Electronics has different business units such as home appliances, air conditioners, and auto parts. A business-level strategy is not about LG Electronics as a whole, but about how to sell more in each of these units, like how to sell more air conditioners.

This strategy asks, "How can our products sell better than our competitors' products?" The two main types of business-level strategies are:

Cost Leadership Strategy

Differentiation Strategy

A 사업부 수준의 전략이란 무엇인가

기업은 시장에서 자기 제품이나 서비스를 더 많이 팔기 위해 여러 가지 전략을 생각한다. 이러한 전략을 사업부 수준의 전략이라고 한다. 기업 전체가 아닌, 하나의 사업 부문이 시장 안에서 어떻게 경쟁할지를 정하는 전략이다.

예를 들어 LG 전자는 가전제품, 에어컨, 전장* 등의 사업을 진행하고 있다. 사업부 수준의 전략은 LG 전자 전체를 생각하는 전략이 아닌, 가전제품, 에어컨, 전장을 고객에게 더 많이 팔기 위한 전략을 의미한다.

* 전장 : 자동차에 들어가는 전자 부품

이 전략은 "어떻게 하면 우리 제품이 다른 기업 제품보다 더 잘 팔릴 수 있을까?" 고민하고 그 방법을 찾는 방법이다. 사업부 수준 전략은 대표적으로 비용우위 전략과 차별화 전략이 있다.

B Cost Leadership Strategy

A cost leadership strategy means making products or services at a lower cost than competitors and selling them at a lower price to customers.

1. Sources of Cost leadership

There are several reasons why a company may have a cost advantage. These are called the sources of cost leadership.

① Mass Production System

When a company produces a large number of the same product, the cost to make each item becomes cheaper. This is called economies of scale.

Example:

A soap factory spends less money per bar of soap when making 10,000 soaps a day than when making only 1,000. This is because the factory only pays once for machines and setup costs, so the more they produce, the lower the cost per soap.

② Standardized Product Design

When a company makes products in a simple and similar way, production time becomes shorter and costs go down. This is called product standardization.

Example: If a burger shop makes all burgers in the same way, it can make them faster and reduce ingredient waste.

B 비용우위 전략

비용우위 전략이란, 경쟁 기업보다 더 적은 비용으로 제품이나 서비스를 만들어서 고객에게 더 싸게 파는 전략이다.

1. 비용우위 전략의 원천

기업이 비용우위를 가지게 되는 이유는 여러 가지가 있다. 이를 비용우위의 원천*이라고 부른다.

* 원천 : 어떤 것이 생겨나는 시작점이나 이유

① 대량* 생산 시스템

기업이 같은 제품을 많이 만들면, 제품 하나당 만드는 비용이 줄어든다. 이것을 '규모의 경제'라고 한다.

예: 비누를 만드는 공장에서 하루에 비누 1,000개 만들 때보다 10,000개 만들 때가 제품 하나당** 비용이 더 싸다. 비누 공장에서 기계를 사거나 설치하는 데 드는 돈은 처음에 한 번만 내면 되기 때문에, 많이 만들수록 제품 1개를 만드는 데 필요한 비용이 줄어든다.

* 대량 : 한꺼번에 많이

** 하나당 : '한 개마다 얼마인지'를 말할 때 사용함

② 표준화된 제품 구조

기업이 제품을 단순하고 비슷한 방식으로 만든다면, 생산 시간이 줄고, 비용도 줄어든다. 이것을 '제품 표준화*'라고 한다.

예: 햄버거 가게에서 모든 햄버거를 같은 방식으로 만든다면 속도가 빨라지고 재료 낭비**도 줄일 수 있다.

③ Efficient Supply Chain

The supply chain includes the steps of buying, transporting, and storing raw materials or parts. If a company manages these steps well, it can save money.

Example: If one part is used in many products, the company can buy it in large amounts at a lower price.

④ Automation and Use of Technology

When machines or computers do work instead of people, it reduces labor costs and mistakes. This is called automation.

Example: At Amazon's logistics centers, robots move boxes. This makes the process faster and more efficient.

2. Advantages of a Cost Leadership Strategy

The cost leadership strategy offers strong benefits because the company can produce goods at a low cost and sell them at lower prices.

① Attracts Price-Sensitive Customers

Many customers are more likely to buy when the price is low. The cost leadership strategy allows companies to offer "good quality at a low price."

Example: In convenience stores, lunch boxes with good value for money are the most popular.

* 표준화 : 같은 방법, 같은 크기로 만드는 것

** 낭비 : 시간이나 돈을 필요 이상으로 쓰는 것

③ 공급망 효율화

원자재나 부품을 사고, 운반하고, 보관하는 과정을 공급망이라고 한다. 이 과정을 잘 관리하면 비용을 절약할 수 있다.

예: 같은 부품을 여러 제품에 사용하면, 한꺼번에 많이 살 수 있어서 더 싸게 살 수 있다.

④ 자동화 및 기술 도입

사람이 하던 일을 기계나 컴퓨터가 대신하면, 인건비를 줄일 수 있고, 실수도 줄어든다. 이것을 '자동화'라고 한다.

예: 아마존 물류센터는 로봇이 박스를 옮기기 때문에 빠르고 효율적이다.[21]

2. 비용우위 전략의 장점

비용우위 전략은 기업이 제품을 싸게 만들어 싸게 팔 수 있기 때문에 여러 상황에서 강력한 장점이 있다.

① 가격에 민감한 고객에게 선택받는다.

많은 고객은 가격이 싸면 더 쉽게 제품을 산다. 비용우위 전략은 이런 고객들에게 "싸고 좋은 제품"을 제공해 줄 수 있다.

예: 편의점 도시락 중 가성비* 좋은 도시락이 가장 많이 팔린다.[22]

* 가성비 : 가격에 비해 좋은지 나쁜지를 말함

---

21 Digital Today (2025.06.05). 아마존, 로봇 자동화로 10만명 감축…이미 도래한 노동 시장 변화. https://www.digitaltoday.co.kr/news/articleView.html?idxno=514928

22 연합뉴스 (2024. 05. 15). 고물가에 편의점 도시락 '거거익선'…"양 늘리니 잘 팔려". https://www.yna.co.kr/view/AKR20240514144100030

② Quickly Increases Market Share

If a company sells products at lower prices than its competitors, more people will buy them. This helps the company gain more customers and increase its market share.

Example: Daiso expanded quickly across Korea by offering a wide range of products at very low prices.

③ Relatively Stable During Economic Recession

When the economy is weak, people often choose cheaper products instead of expensive ones. Companies with a cost leadership strategy can keep their customers even in difficult times, making them stronger during crises.

Example: During the global financial crisis, fast food chains and low-cost brands were able to maintain or even increase their sales.

The cost leadership strategy helps companies attract more customers and stay strong during economic downturns by being good at producing at low cost.

However, focusing only on low prices can cause problems. If product quality becomes poor or service is lacking, customers may be disappointed and not return. That's why companies using a cost leadership strategy must carefully balance both price and quality.

② 시장 점유율을 빠르게 높일 수 있다.

경쟁 기업보다 싼 가격으로 제품을 팔면, 더 많은 사람이 구매한다. 이렇게 되면 기업은 시장에서 더 많은 고객을 확보하게 되고, 점유율*도 높아진다.

예: 다이소는 다양한 제품을 낮은 가격에 파는 전략으로 빠르게 전국에 매장을 확장할 수 있었다.[23]

* 점유율 : 전체 시장에서 기업이 얼마나 많이 팔았는지 보여주는 비율

③ 경기* 불황에도 비교적 안정적이다.**

경제가 나빠지면 사람들은 비싼 제품보다 가격이 싼 제품을 찾는다. 비용우위 전략을 가진 기업은 이런 상황에서도 꾸준히 고객을 유지할 수 있기 때문에 위기에도 강하다.

예: 글로벌 금융위기 때에도 패스트푸드나 저가 브랜드는 상대적으로*** 매출이 유지되거나 증가하였다.[24]

* 경기 : 나라 경제의 상황

** 불황 : 경제가 나빠져서 사람들이 돈을 잘 쓰지 않고 물건이 잘 안 팔리는 상태

*** 상대적으로 : 다른 것과 비교했을 때

비용우위 전략은 싸게 잘 만드는 능력을 통해 더 많은 고객을 확보하고, 불황에도 버틸 수 있는 힘을 만들어준다. 그러나 단순히 값만 싸게 만드는 것에만 집중하면 문제가 생길 수 있다. 제품 품질이 떨어지거나, 서비스가 부족하면 고객이 실망해서 다시 사지 않을 수 있다. 따라서 비용우위 전략을 사용하는 기업은 제품의 가격과 품질의 균형을 잘 맞추는 것이 중요하다.

---

23 아시아투데이 (2025. 02. 19). "불황은 나의 힘"… 다이소 '끝없는 영토확장·초저가' 통했다. https://www.asiatoday.co.kr/kn/view.php?key=20250220010010425

24 매일경제 (2020. 11. 20). 불황 속에도 잘나가는 패스트푸드 브랜드, 상승세 굳히기 돌입. https://www.mk.co.kr/news/fastview/9619134

3. Case Study: Cost Leadership Strategy _ Daiso

Daiso is a popular retail company that sells household items at very low prices, usually between 1,000 and 5,000 KRW. Even though the prices are low, Daiso offers a wide variety of products with decent quality.

Daiso uses the cost leadership strategy by lowering costs in the following ways:

① Bulk Purchasing and In-House Distribution System

Daiso buys a large number of products at once, which helps the company get lower prices from suppliers. It also operates its own warehouses and delivery trucks. This reduces shipping costs and allows Daiso to quickly supply stores with household items. This is called supply chain efficiency.

② Simple Store Design and Efficient Staffing

Daiso stores are simple and not heavily decorated. The company uses shop-in-shop models to reduce rental costs. It also minimizes the number of employees and clearly divides their tasks. This helps reduce operating costs.

③ Inventory Management and Optimized Turnover Rate

If products stay in stock too long, it leads to losses. Daiso focuses on best-selling items and maintains a fast turnover rate to manage inventory efficiently.

Thanks to these strategies, Daiso has built a strong image as a "low-price but trustworthy household goods store." It is especially popular among price-sensitive customers and has gained higher price competitiveness and customer loyalty than many of its competitors.

3. 비용우위 전략 사례_다이소[25]

다이소(Daiso)는 생활용품을 1,000원부터 5,000원 정도의 저렴한 가격에 판매하는 기업이다. 가격은 싸지만, 제품 종류는 매우 다양하고 품질도 나쁘지 않다. 다이소는 다음과 같은 방법으로 비용을 줄여 고객에게 저렴한 가격의 물품을 판매하고 있다.

① 대량 구매와 자체 유통망

다이소는 판매할 상품을 한 번에 아주 많이 구입한다. 그래서 더 싸게 살 수 있다. 또한, 다이소는 자체* 물류창고와 트럭을 운영하여, 운송비를 줄이고 빠르게 생활용품을 매장에 공급할 수 있다. 이것을 공급망 효율화라고 한다.

* 자체 : 스스로, 자기가 직접

② 단순한 매장 인테리어와 효율적인 인력 운영

다이소 매장은 장식이 화려하지 않고 매우 단순하다. 샵인샵*을 적극 활용하여 매장 임대료를 줄이고 있다. 또한, 직원 수를 최소화하고, 업무를 체계적으로 분담해서 운영비용을 줄이고 있다.

* 샵인샵 : 가게 안에 또 다른 가게가 있는 것

③ 재고 관리와 회전율 최적화*

재고(남은 상품)가 오래 쌓이면 손해가 커진다. 다이소는 잘 팔리는 제품 위주로 상품을 구성하고, 팔리는 속도(회전율)를 빠르게 하여 재고를 효율적으로 관리한다.

* 최적화 : 가장 좋은 방법을 찾아서 더 잘하게 만드는 것

---

25 아시아투데이 (2025. 02. 19). "불황은 나의 힘"… 다이소 '끝없는 영토확장·초저가' 통했다. https://www.asiatoday.co.kr/kn/view.php?key=20250220010010425
3PRO (2025. 05. 29). 다이소는 왜 이토록 강한가, 숨은 시스템과 성장의 비밀[언더스탠딩]. https://apps.3protv.com/news/view/3816

이런 전략들 덕분에 다이소는 "싸지만 믿을 수 있는 생활용품 가게"라는 이미지를 만들었다. 가격에 민감한 고객들에게 특히 인기가 많으며, 경쟁사보다 높은 가격 경쟁력과 고객 충성도를 확보하게 되었다.[26]

---

26 Fashionbiz (2024. 01. 10). 다이소, '갓성비'로 3조 시대 연다…이마트 올리브영 대항마?!. https://fashionbiz.co.kr/article/204889

C Differentiation Strategy

A differentiation strategy is when a company offers special value to customers that is different from other companies. The goal is to make customers feel, "This product is unique." These products are usually more expensive.

1. Ways to Differentiate

① Design Differentiation

If a product's shape, packaging, or color is unique, customers are more likely to remember the brand. Design strongly influences a customer's first impression and feelings.

Example: Apple products are known not only for their functions but also for their stylish design, which makes them feel more valuable.

② Function and Quality Differentiation

When a product works better or has higher quality, customers feel it has more value. Companies can differentiate through durability, performance, and ease of use. Example: LEGO blocks are expensive, but they are chosen by people all over the world because of their precise fit and strong durability.

③ Customer Service Differentiation

When a company provides fast, friendly, and professional service before, during, and after the purchase, customers feel impressed and are more likely to return.

Example: Hyundai Motor's after-sales service (A/S) is different because it is quick and uses genuine parts, which builds customer trust.

C 차별화 전략

차별화 전략이란, 다른 기업과는 다른 특별한 가치를 고객에게 제공하는 전략이다. 이 전략의 목적은, 고객이 "이 제품은 뭔가 다르다"라고 느끼게 만드는 것이다. 일반적으로 가격이 비싸다.

1. 차별화하는 방법

① 디자인 차별화

제품의 모양이나 포장, 색상이 독특하면, 소비자는 그 브랜드를 잘 기억한다. 디자인은 고객의 첫인상과 감정에 큰 영향을 준다.

예: 애플의 제품은 기능도 좋지만, 세련된 디자인 때문에 더 가치 있게 느껴진다.

② 기능과 품질 차별화

제품의 기능이 더 뛰어나거나, 품질이 더 좋을 때 고객은 더 높은 가치를 느낀다. 내구성*, 성능, 사용의 편리함 등을 통해 차별화를 만들 수 있다.

예: 레고 블록은 비싸지만, 정밀한** 결합력***과 높은 내구성으로 전 세계 시장에서 독보적인 위치를 차지하고 있다.

* 내구성 : 튼튼해서 오래 사용하는 것
** 정밀한 : 아주 자세하고 정확하게
*** 결합력 : 서로 단단히 연결되는 힘

③ 고객 서비스 차별화

제품을 구매하기 전, 구매 중, 구매 후 고객에게 제공하는 서비스가 친절하고 빠

④ Brand Image and Emotional Marketing

Sometimes, the brand itself—not just the product—makes the difference. Through ads, models, and brand stories, companies can create a feeling of luxury, warmth, or youth. Customers often prefer brands they feel emotionally connected to.

Example: Starbucks doesn't just sell coffee—it sells a "comfortable space" and an "emotional experience."

⑤ Storytelling or Value-Based Products

A company's values, mission, founding story, or social message can also set it apart. When customers feel that the brand has a special meaning, they are more likely to become loyal customers.

Example: Patagonia promotes environmental protection, and customers feel they are buying more than clothes—they are supporting a mission.

2. Creativity in Differentiation

Differentiation is not just about "looking different." It means offering new and unique ideas in a way that makes customers think, "Wow, this is special," or "This feels valuable." It gives customers unexpected enjoyment or new value. It goes beyond just making a good product — it changes how the customer feels and experiences the brand.

IKEA created a system where customers assemble furniture themselves.

This gives customers a fun and new experience. Creative ideas like this can become a company's strong competitive power.

르며 전문적일 때, 고객은 감동을 느끼고 그 기업을 다시 찾게 된다.

예: 현대자동차의 A/S는 빠르고 정품 부품을 사용하여 믿을 수 있게 고쳐준다는 점에서 차별화되어 있다.

④ 브랜드 이미지와 감성 마케팅

제품이 아니라 브랜드 자체가 주는 느낌으로 차별화할 수도 있다. 광고, 모델, 브랜드 스토리 등을 통해 고급스러움, 따뜻함, 젊음과 같은 이미지를 전달하는 브랜드를 고객은 감정적으로 더 선호한다.

예: 스타벅스는 단순한 커피가 아니라, '편안한 공간'과 '감성 경험'을 판다.

⑤ 스토리텔링 또는 가치 중심 제품

기업이 가지고 있는 가치관, 철학, 창업 이야기, 사회적 메시지 등이 특별하다면, 그것만으로도 고객은 브랜드에 의미를 부여한다. 이런 브랜드는 충성 고객*을 만들 수 있다.

예: 파타고니아는 환경 보호를 강조하고, 고객은 단순한 옷이 아닌 파타고니아의 환경 보호 가치를 구매한다고 느낀다.

* 충성 고객 : 어떤 브랜드를 계속 믿고, 자주 사는 고객

2. 차별화의 창의성

차별화는 단순히 "다르게 보이기"만 하는 것이 아니다. 고객이 "와, 이건 특별하다" 또는 "이건 가치 있어 보여"라고 느끼는 방식으로 새롭고 독특한 아이디어를 제공하는 것이 차별화다. 이것은 고객에게 기대하지 못했던 즐거움이나 새로운 가치를 주는 방법이다. 단순히 좋은 제품을 넘어서, 고객의 마음과 경험을 바꾸는 것이다.

IKEA는 고객이 직접 조립하는 가구 시스템을 만들었다. 이 방식은 고객에게 새롭고 재미있는 경험을 제공한다. 이처럼 창의적인 아이디어는 기업의 강력한 경쟁력이 된다.

Netflix started as a DVD rental service that delivered videos to people's homes. Now, it has completely changed into a streaming service where people watch movies and dramas online. Netflix analyzes data to recommend content that customers might like. It also produces its own original content based on trends.

By creatively changing its business model, Netflix has become a sustainable company.

3. Differentiation and Sustainable Competitive Advantage

The differentiation strategy works well with customers who care more about feelings and experiences than price. Beautiful design, unique stories, and a luxury image can win customers' hearts. Customers who buy these products often feel closer to the brand and show higher brand loyalty. Also, differentiated products can be sold at higher prices, which increases profits.

Differentiation often comes from things that are hard for competitors to copy—such as unique design skills, strong brand stories, or a creative company culture. These strengths are not just short-term. They can help the company stay competitive for a long time. However, the key is that customers must continue to feel the company's differences are valuable. Only then will differentiation remain a meaningful and lasting strategy.

4. Case Study: Differentiation Strategy _ BTS

BTS is not just a typical K-pop idol group. They have become a global brand by connecting with fans through sincere storytelling and meaningful messages. Their differentiation comes from more than just music — it includes storytelling, fan communication, content quality, and brand image.

넷플릭스는 처음에는 비디오를 집으로 배달해 주는 서비스를 하였다. 하지만 지금은 사람들이 인터넷으로 영화와 드라마를 보는 서비스로 완전히 바뀌었다. 넷플릭스는 데이터 분석을 통해서 고객 맞춤형 콘텐츠를 추천해 준다. 또한 트렌드를 반영하여 직접 새로운 드라마나 영화를 제작하기도 한다. 넷플릭스는 창의적으로 사업 모델을 변경함으로써 지속가능한 기업이 될 수 있었다.

3. 차별화와 지속적인 경쟁우위

차별화 전략은 가격보다는 감정과 경험을 중요하게 생각하는 고객에게 잘 통한다. 예쁜 디자인, 특별한 스토리, 고급스러운 이미지가 고객의 마음을 사로잡을 수 있다. 이런 제품을 산 고객은 브랜드에 더 애정을 가지게 되고, 브랜드 충성도도 높아진다. 또한, 차별화된 제품은 높은 가격을 받을 수 있어 수익성이 높아진다.

차별화 전략은 경쟁사들이 쉽게 따라 할 수 없는 요소에서 나오는 경우가 많다. 예를 들어, 기업만의 독특한 디자인 감각, 브랜드 스토리, 또는 창의적인 조직문화 같은 것이다. 이런 차별화 요소는 단기적으로 끝나지 않고, 오랫동안 경쟁력을 유지할 수 있는 강력한 무기가 된다. 단, 시간이 지나도 고객이 기업의 차별화를 여전히 가치 있다고 느껴야 한다. 그래야만 차별화가 지속적으로 의미 있는 전략이 될 수 있다.

4. 차별화 전략 사례_방탄소년단(BTS)[27]

방탄소년단은 단순한 K-pop 아이돌 그룹이 아니다. 이들은 전 세계 팬들과 진

---

27 한겨레 (2018. 07. 01). 방탄소년단 성공이 남긴 것. https://www.hani.co.kr/arti/economy/economy_general/851341.html
한경코리아 (2020. 10. 14). 빌보드 1, 2위 휩쓴 BTS의 성공 비결은 'G·T·S'. https://www.hankyung.com/article/202010135350i

① Differentiation Through Story and Message

Since 2016, BTS has shared a powerful message through their "LOVE YOURSELF" album series: "Love yourself." This message gave comfort and empathy to young people around the world struggling with self-image, success, or uncertain futures. It was not just a music theme — it became a global campaign through BTS's partnership with UNICEF.

The albums tell a connected story — from falling in love to breaking up, and finally accepting oneself. This helped fans not just listen to songs but emotionally immerse themselves in the storyline.

② Differentiation in Fan Relationships

BTS actively uses social media to communicate with fans in real time. Through vlogs and their fan platform Weverse, they stay closely connected with their audience. This strategy has played a big role in building a strong and loyal fan base known as ARMY.

③ Content Quality Differentiation

BTS's music videos, concert films, and self-produced variety shows (like Bangtan Bomb) cover various topics and are produced at a very high quality. These contents go beyond music and give BTS a strong competitive edge across the entire entertainment industry.

정성 있는 스토리텔링과 메시지로 소통하는 글로벌 브랜드로 차별화되었다. 음악뿐 아니라 스토리, 소통 방식, 콘텐츠 품질, 브랜드 이미지 등 여러 면에서 독특한 가치를 제공한다.

① 스토리와 메시지의 차별화

방탄소년단은 2016년부터 시작된 'LOVE YOURSELF' 시리즈를 통해 전 세계에 '자기 자신을 사랑하라'는 메시지를 적극적으로 던졌다.[28] 이 메시지는 외모, 성공, 불확실한 미래 등으로 불안을 겪는 전 세계 젊은 세대에게 깊은 공감과 위로를 주었다. 이 메시지는 단순히 음악적 메시지에 그치지 않고, 유니세프와 함께 글로벌 캠페인으로 이어졌다.[29]

'LOVE YOURSELF' 시리즈 앨범은 하나의 이야기로 이어져 있다. 사랑의 시작부터 이별, 그리고 자신을 받아들이는 과정을 음악과 뮤직비디오 등으로 표현하였다. 팬들은 단순히 음악을 듣는 것을 넘어, 이야기에 깊이 빠져들게 되었다.

② 팬과의 관계 차별화

방탄소년단은 SNS를 적극적으로 활용하여 팬들과 실시간 소통한다. 브이로그, 위버스(Weverse) 등을 통해 팬과 친근한 관계를 유지한다. 이런 전략은 충성도 높은 팬층(ARMY)을 형성하는 데 큰 역할을 한다.

③ 콘텐츠 품질 차별화

방탄소년단의 뮤직비디오, 콘서트 영상, 자체 제작 예능(Bangtan Bomb)은 다양한 주제와 내용으로 구성되어 있고, 그 품질도 매우 훌륭하다. 이런 콘텐츠는 단순히 음악을 넘어서 엔터테인먼트 전반에서의 경쟁력을 만들어준다.

---

28 BTS (n.d.) LOVE YOURSELF結 'ANSWER' https://ibighit.com/bts/kor/discography/detail/love_yourself-answer.html

29 UNICEF (2017. 11. 02). 유니세프한국위원회, 방탄소년단과 빅히트엔터테인먼트의 'LOVE MYSELF' 캠페인 함께 전개. https://www.unicef.or.kr/about-us/press/68245/

④ Brand Image Differentiation

BTS is no longer just a music group. By joining campaigns with UNICEF and giving speeches at the United Nations, they have become a global icon that delivers important cultural and social messages.

Conclusion:

BTS is a leading example of Hallyu success. They have created a sustainable global competitive advantage by using a creative and emotional differentiation strategy—not just in music, but across many areas of culture and communication.

④ 브랜드 이미지 차별화

방탄소년단은 이제 단순한 '가수'가 아니라, 유니세프 캠페인, 유엔 연설 등에 참여하면서 전 세계 문화와 사회에 중요한 메시지를 전하는 '아이콘'으로 자리 잡았다.[30]

이처럼 방탄소년단은 음악 외의 다양한 영역에서 창의적이고 감성적인 차별화 전략을 통해 지속 가능한 글로벌 경쟁우위를 만들어낸 대표적인 한류 사례다.

---

30 한겨레 (2019. 10. 19). 방탄소년단, 유엔 무대 사로잡다 "나 자신을 사랑하자" 7분 메시지. https://www.hani.co.kr/arti/culture/culture_general/863456.html

D Comparison: Cost Leadership Strategy vs. Differentiation Strategy

Category	Cost Leadership Strategy	Differentiation Strategy
Goal of the Strategy	To win customers by offering lower prices	To win customers by offering unique and special value
Main Approach	Reduce costs through mass production, automation, and efficient operations	Stand out through design, quality, service, or brand image
Price Level	Generally low prices	Generally high prices
Customer Type	Price-sensitive customers	Customers who value quality or experience
Customer Perception	"Cheap and practical."	"Expensive but worth it."
How to Maintain Advantage	Maintain operational efficiency and economies of scale	Maintain strong brand loyalty and a unique image
Example Companies	Daiso, Emart Traders, Costco	Apple, LEGO, Starbucks
Strengths	Can increase market share and price competitiveness	Can achieve high profit margins and strong brand value
Things to Watch Out For	Lowering prices too much may reduce product quality	If customers no longer see the product as special, they may stop buying it

D 비용우위 전략과 차별화 전략 비교

항목	비용우위 전략	차별화 전략
전략의 목적	기업은 낮은 가격으로 고객의 선택을 받는다.	기업은 특별한 가치를 제공하여 고객의 선택을 받는다.
주요 방법	기업은 대량생산, 자동화, 효율적 운영 등으로 비용을 줄인다.	디자인, 품질, 서비스, 브랜드 이미지 등 차별화
가격 수준	일반적으로 가격이 싸다.	일반적으로 가격이 비싸다.
고객 유형	가격에 민감한 고객	품질이나 경험을 중요하게 생각하는 고객
고객의 인식	"싸고 실용적이다."	"비싸지만 그만한 가치가 있다."
경쟁우위 유지 방법	기업은 운영 효율성과 규모의 경제를 유지해야 한다.	기업은 고객의 브랜드 충성도와 독특한 이미지를 유지해야 한다.
예시 기업	다이소, 이마트 트레이더스, 코스트코 등	애플, 레고, 스타벅스 등
장점	기업은 시장 점유율을 확대할 수 있고, 가격 경쟁력 확보할 수 있다.	기업은 높은 이익률과, 높은 브랜드 가치를 기대할 수 있다.
주의할 점	너무 가격만 낮추면 품질이 나빠질 수 있다.	고객이 더 이상 특별하지 않다고 생각하면 그 기업의 제품이나 서비스를 사지 않는다.

E Summary and Key Terms

Business-level strategy is a strategy that focuses on how one product or service competes in the market.

The two main types of strategies are:

Cost leadership strategy – selling products at lower prices

Differentiation strategy – offering unique value to customers

Term	Explanation
Business-level Strategy	A strategy for how to compete in one specific area (e.g., Home appliances, Air conditioners, Automotive electronics)
Cost Leadership Strategy	A strategy to make products at low cost and sell them at low prices
Differentiation Strategy	A strategy to give special value that is different from other companies
Economies of Scale	When producing more lowers the cost per unit of the product

E 요약 및 주요 용어

사업부 수준 전략은 하나의 제품이나 서비스가 시장에서 경쟁하는 방법을 정하는 전략이다. 대표적인 전략으로는 싸게 파는 '비용우위 전략'과 특별한 가치를 주는 '차별화 전략'이 있다.

용어	설명
사업부 수준 전략	한 분야(가전제품, 에어컨, 전장 등)에서 어떻게 경쟁할지 정하는 전략
비용우위 전략	제품을 싸게 만들어 싸게 파는 전략
차별화 전략	다른 기업보다 특별한 가치를 주는 전략
규모의 경제	많이 만들수록 제품 하나당 비용이 줄어드는 현상

F Individual Workshop

1. A Product I Chose for a Reason Other Than Price

Purpose	To understand buying decisions from the customer's perspective and apply strategic thinking related to differentiation and business-level strategies.	
Activities Steps	Topic	A product you chose recently not because of price, but for another reason
	Guiding Questions	① What product did you choose? ② Why was something more important than price? ③ What kind of differentiation strategy was used? ④ What are the advantages of this strategy? ⑤ What are the limitations of this strategy?
	Presentation	Present your analysis

2. Differentiation Strategy Template Example – IKEA DIY Furniture

Category	Content
Product Chosen	IKEA Desk
Reason (Not Price)	The DIY assembly is fun, and the visual manual is easy to understand.
Differentiation Features	• DIY assembly system • Easy-to-follow visual manual • In-store showroom experience
Advantages	Fun to build by myself; can adjust it to fit my home
Limitations or Challenges	Assembly takes time; some tools may be needed separately

F 개별 워크숍

1. 주제: 가격이 아닌 다른 이유로 내가 선택한 제품

<table>
<tr><td>목적</td><td colspan="2">소비자 입장에서 가격을 제외하고 물건을 구입했던 이유를 분석해 보고, 차별화 전략을 실제 사례를 통해 학습한다.</td></tr>
<tr><td rowspan="3">활동 구성</td><td>질문</td><td>최근 가격이 아닌 다른 이유로 선택한 제품은?</td></tr>
<tr><td>분석 및 작성</td><td>① 어떤 제품인가?
② 왜 가격보다 다른 요소가 중요했나?
③ 어떤 차별화 전략이 있었는가?
④ 그 전략의 장점은?
⑤ 전략의 한계점은?</td></tr>
<tr><td>발표</td><td>사례 발표</td></tr>
</table>

2. 차별화 전략 템플릿 예시_IKEA 조립 가구

항목	내용
내가 선택한 제품	IKEA 책상
가격이 아닌 선택 이유	내가 직접 조립하는 방식이 흥미롭고, 설명서가 시각적으로 이해하기 쉽다.
차별화 전략 요소	• DIY 조립 시스템 • 시각적 매뉴얼 • 매장 내 쇼룸 체험 제공
장점	직접 만드는 재미가 있고, 집에 맞게 조절할 수 있다.
한계 또는 개선점	조립 시간이 오래 걸리고, 도구가 따로 필요할 수도 있다.

V

팀 프로젝트 1

Team Project 1

A Topic: Building a Startup Strategy - From Mission to Competitive Advantage

B Purpose

In this project, Students will create a startup as a team and experience key elements of business strategy. This includes defining the company's mission, analyzing the external environment (PESTEL) and internal environment (VRIO), and designing a business-level strategy (cost leadership or differentiation).

A 주제: 스타트업의 전략 수립: 사명부터 경쟁우위까지

B 목표

학생들이 가상의 스타트업을 설정하고, 기업의 사명, 외부 환경 분석(PESTEL), 내부 환경 분석(VRIO), 사업부 수준의 전략(비용우위 또는 차별화)까지 경영전략의 핵심 요소 전반을 팀 기반으로 체험하는 데 목적이 있다.

C Activity Steps

Step		Activity
Step 1	Set up a company and write its mission	Choose a startup idea and write a mission statement
Step 2	External Environment Analysis (PESTEL)	Analyze opportunities and threats in politics, economy, society, technology, environment, and law based on your industry
Step 3	Internal Environment Analysis (VRIO)	Evaluate your company's resources and capabilities using the VRIO framework
Step 4	Business-Level Strategy	Choose either cost leadership or differentiation, and plan your marketing, distribution, and pricing strategy
Step 5	Team Presentation	Present your full strategy

1. Step 1 - Sample Mission Statement

Item	Content
Startup Name	Eco-SOM
Main Product/Service	Biodegradable* eco-friendly cups
Target Customers	Cafés, eco-friendly event organizers, MZ generation** consumers
Mission Statement	"Eco-SOM reduces environmental harm by providing biodegradable cups and promoting alternatives to single-use habits."

* Biodegradable: A material that naturally disappears over time in soil or water, so it is less harmful to the environment.

** MZ Generation: Young people born between the 1980s and 2000s. They are familiar with smartphones and the internet, value personal preferences, and care about environmental and social issues.

C 활동 구성

단계		활동 내용
1단계	기업 설정 및 사명 수립	팀별 가상의 스타트업 아이템을 설정하고, 사명 선언문 작성
2단계	외부 환경 분석 (PESTEL)	선택한 산업에 대해 정치·경제·사회·기술·환경·법률 요소별 기회/위협 분석
3단계	내부 환경 분석 (VRIO)	스타트업의 자원과 역량을 VRIO로 분석
4단계	사업부 전략 수립	비용우위 또는 차별화 전략 중 하나를 선택하고, 마케팅·유통·가격 전략 설정
5단계	팀별 발표 및 피드백	각 팀의 전략 전체를 발표하고 피드백 받기

1. 1단계: 사명 선언문 작성 예시

항목	내용
스타트업 이름	Eco-SOM
주요 제품/서비스	생분해성* 친환경 컵
타깃 고객	카페, 친환경 행사 주최자, MZ세대** 소비자
사명 선언문	"Eco-SOM은 자연에서 썩는 생분해성 컵을 통해 환경 부담을 줄이고, 일회용품 사용 문화를 바꿔 갑니다."

* 생분해성 : 땅속이나 물속에서 시간이 지나면 자연스럽게 사라져 환경에 해가 덜 되는 물질

** MZ세대 : 1980년대부터 2000년대 사이에 태어난 젊은 사람들을 말한다. 스마트폰과 인터넷에 익숙하고, 자신이 좋아하는 것을 중요하게 생각한다. 이 세대는 환경, 사회 문제에도 관심이 많다.

2. Step 2 – PESTEL External Environment Analysis Example

Factor	Opportunities	Threats
Political	Government is making stronger rules to reduce single-use plastics, which may increase demand for our product.	Sudden changes in government policies may affect how products are made or approved.
Economic	More consumers and companies are investing in eco-friendly products.	Eco-friendly materials are more expensive, so product prices may rise and become a burden for customers.
Social	MZ generation, who care about the environment, are becoming the main group of consumers.	If customers think eco-friendly products are too expensive or inconvenient, they may ignore them.
Technological	Technology for biodegradable materials is improving quickly, helping us make better-quality products.	Large companies may use their strong technology to release better products first.
Environmental	Plastic pollution is becoming more serious, so interest in eco-solutions is growing.	Certification standards for eco-friendly products are getting stricter and may take longer.
Legal	More laws are limiting single-use plastics, increasing the need for biodegradable cups.	If the company doesn't follow laws correctly, it could face sales restrictions or fines.

3. Step 3 – Internal Environment Analysis (VRIO Example)

Resource/ Capability	V (Valuable)	R (Rare)	I (Inimitable)	O (Organized)	Competitive Advantage
Biodegradable material R&D	Yes	Yes	No	Yes	Temporary Competitive Advantage
Brand storytelling ability	Yes	Yes	Yes	Yes	Sustainable Competitive Advantage

2. 2단계: PESTEL 외부 환경 분석 예시

항목	기회	위협
정치 (Political)	정부가 일회용품 사용을 줄이기 위해 규제를 강화하고 있어 우리 제품에 대한 수요가 늘어날 수 있다.	정부 정책이 갑자기 바뀌면 제품 생산 방식이나 인증 기준에 영향을 줄 수 있다.
경제 (Economic)	환경을 생각하는 소비자와 기업이 많아지면서 친환경 제품에 투자하려는 흐름이 생기고 있다.	친환경 원재료는 일반 제품보다 비싸기 때문에 제품 가격이 높아지고, 소비자 부담이 커질 수 있다.
사회 (Social)	환경 보호에 관심이 많은 MZ세대가 주 소비층으로 떠오르면서 우리 제품에 호응할 가능성이 높다.	소비자가 친환경 제품이라도 불편하거나 비싸다고 느끼면 외면*할 수 있다.
기술 (Technological)	생분해성 소재**에 대한 기술이 빠르게 발전하고 있어 더 좋은 품질의 제품을 만들 수 있다.	대기업이 기술력을 앞세워 더 나은 제품을 먼저 출시***할 경우 경쟁에서 밀릴 수 있다.
환경 (Environmental)	플라스틱 오염 문제가 심각해지면서 환경 보호를 위한 해결책에 대한 관심이 높아지고 있다.	친환경 제품에 대한 인증 기준이 계속 강화되어 인증을 받는 데 시간이 오래 걸릴 수 있다.
법률 (Legal)	일회용품 사용을 제한하는 법률이 늘어나면서 생분해성 컵의 필요성이 커지고 있다.	관련 법규를 정확히 지키지 않으면 제품 판매가 제한되거나 벌금을 물 수 있다.

* 외면 : 보고도 보지 않는 척하거나 관심을 주지 않는 행동

** 소재 : 어떤 것을 만들기 위해 쓰는 재료

*** 출시 : 새로운 제품이나 서비스를 시장에 처음 내놓는 것

3. 3단계: 내부 환경 분석 예시

자원/역량	V	R	I	O	경쟁우위
생분해성 소재 R&D 기술	예	예	아니오	예	일시적 경쟁우위
브랜드 스토리텔링 능력	예	예	예	예	지속적 경쟁우위

4. Step 4 - Business Strategy Planning Example

Strategy Type	Differentiation Strategy
Reason for Choice	Our product is clearly different from regular plastic cups because it naturally decomposes. It appeals to customers who care about environmental and brand values.
Marketing Strategy	Run an Instagram/YouTube campaign: "Where will this cup be in one month?"
Pricing Strategy	Set the price at 1.5 times higher than regular cups (highlight the premium eco-friendly value)
Distribution Strategy	Sell through online eco-friendly marketplaces, startup expos, and partnerships with large café chains
Customer Value	Gives meaning to action: "Buying is protecting the planet"

4. 4단계: 사업부 수준 전략 수립 예시

전략 유형 선택	차별화 전략
선택 이유	기존 플라스틱 컵과 달리 '자연에서 썩는' 명확한 차별성을 갖고 있다. 환경과 브랜드 가치를 중시하는 고객에게 잘 팔 수 있다.
마케팅 전략	인스타그램·유튜브 중심의 "한 달 후, 이 컵은 어디 있을까요?" 캠페인을 운영한다.
가격 전략	일반 컵 대비 1.5배 수준(프리미엄 환경 비용 강조)
유통 전략	온라인 친환경 쇼핑몰, 스타트업 박람회, 대형 카페 체인과 제휴
고객에게 주는 가치	'소비가 곧 환경 보호'라는 행동에 의미를 부여함

VI

기업 수준의 전략 1

Corporate-Level Strategy 1

A Corporate-Level Strategy

A corporate-level strategy is a strategy that provides a big direction for a company by deciding what to do, where to do it, and how to do it. It is an essential strategy for companies that operate various businesses or are active in multiple countries, not just in a single business. This strategy plays an important role in helping a company decide where to focus its resources and whether to invest in or withdraw from a particular business.

Corporate-level strategies include diversification, vertical integration, strategic alliances, mergers and acquisitions, outsourcing, and global expansion strategies. Through diversification, a company can spread risk and expand its growth opportunities. Vertical integration helps improve efficiency by controlling the production and distribution process. Mergers and acquisitions enable rapid growth and competitive advantage. Outsourcing allows a company to concentrate on core tasks. Strategic alliances create synergy through collaboration, and global expansion strategies provide direction in global markets.

A 기업 수준의 전략이란 무엇인가

기업 수준 전략은 기업이 무엇을, 어디에서, 어떻게 할 것인지를 결정하는 큰 방향을 제시하는 전략이다. 하나의 사업이 아닌, 다양한 사업을 운영하거나 여러 국가에서 활동하는 기업에 필수적인 전략이다. 이 전략은 기업이 자원을 어디에 집중할지, 어떤 사업에 투자하거나 철수할지를 결정하는 데 중요한 역할을 한다.

기업 수준 전략에는 다각화, 수직적 통합, 전략적 제휴, 인수합병, 아웃소싱, 해외진출 전략 등이 포함된다. 다각화를 통해 기업은 위험을 분산하고 성장 기회를 넓힐 수 있으며, 수직적 통합은 생산과 유통 과정을 통제하여 효율을 높일 수 있다. 인수합병은 빠른 성장과 경쟁력 확보를 가능하게 하고, 아웃소싱은 핵심 업무에 집중할 수 있도록 한다. 전략적 제휴는 협업을 통해 시너지*를 만들고, 해외진출 전략은 글로벌 시장에서의 방향성을 제시한다.

* 시너지 : 함께할 때 더 좋은 효과가 나는 것

B Diversification

1. What is Diversification?

A diversification strategy is a strategy where a company enters a new industry or market in addition to its existing business. For example, if a company that makes electronic products starts a food delivery service, this is diversification. There are two types of diversification: related diversification and unrelated diversification. Related diversification means entering an industry that is similar to the existing business, while unrelated diversification means entering a completely different industry. Diversification can help spread risk and generate profits in various fields. However, if a company expands too much without preparation, it also faces a high risk of failure.

2. Types of Diversification

Diversification strategies can be largely divided into related diversification, unrelated diversification, and vertical integration.

a) Related Diversification

This is a strategy of expanding into an industry or market that is similar to the existing business. For example, if a company in the automobile business also starts a tire business, it is related diversification. Because the two businesses are similar in technology and customer base, the company can expect a synergy effect.

B 다각화

1. 다각화의 정의

다각화 전략은 기업이 기존 사업 외에 새로운 산업이나 시장에 진출*하는 전략이다. 예를 들어, 전자제품을 만드는 기업이 음식 배달 서비스를 시작한다면 이것은 다각화이다. 다각화에는 관련 다각화와 비관련 다각화가 있다. 관련 다각화는 기존 사업과 비슷한 산업에 진출하는 것이고, 비관련 다각화는 전혀 다른 산업에 진출하는 것이다. 다각화를 하면 위험을 분산**시킬 수 있고, 여러 분야에서 수익을 창출할 수 있다. 그러나 준비 없이 무리하게*** 다각화를 하면 실패할 위험도 크다.

* 진출 : 새로운 곳에 나가서 활동하는 것

** 분산 : 어떤 것을 나누어서 여러 곳에 퍼뜨리는 것

*** 무리하게 : 자신의 능력을 넘어서 억지로 하는 것

2. 다각화의 유형

다각화 전략은 크게 관련 다각화, 비관련 다각화, 수직적 통합으로 나눌 수 있다.

a) 관련 다각화

관련 다각화는 기존 사업과 비슷한 산업이나 시장으로 확장하는 전략이다. 예를 들어, 자동차 사업을 하던 기업이 타이어 사업도 시작하는 경우이다. 두 사업은 기술과 고객층이 비슷하므로 시너지 효과*를 기대할 수 있다.

* 시너지 효과 : 같이 하면 더 좋은 결과가 나오는 것

b) Unrelated Diversification

This is a strategy of entering a completely different industry from the company's existing business. For example, if a company that makes electronic products starts a hotel business, it is considered unrelated diversification. It is effective for risk diversification, but it is difficult to manage and has a high chance of failure.

c) Vertical Integration

This means expanding the business into other stages of the value chain such as production, distribution, and sales. For example, it includes cases where a manufacturer directly operates a distribution company or acquires a raw materials company.

3. Purpose of Diversification

① To achieve greater growth

A company starts a new business to earn more money and grow bigger. For example, if a company that makes cars also begins a business in electric vehicle batteries, it can make more profit. Diversification helps the company gain new profits and expand further.

② To reduce risk

If a company only does one type of business, it may suffer a big loss when that business does not go well. However, if the company runs several types of businesses, it can still earn money from the others even if one fails. Diversification helps reduce loss by spreading out the risk.

③ To make better use of internal resources

Companies have resources such as employees, machines, money, and technology.

b) 비관련 다각화

비관련 다각화는 기존 사업과 전혀 다른 분야에 진출하는 전략이다. 예를 들어, 전자제품을 만드는 기업이 호텔 사업을 시작하면 이것이 비관련 다각화이다. 위험 분산*에는 효과적이지만, 경영이 어렵고 실패할 가능성도 크다.

* 위험 분산 : 위험을 나눠서 줄이는 전략

c) 수직적 통합

생산, 유통, 판매 등 가치사슬* 내의 다른 단계로 사업을 확장하는 것이다. 예를 들어, 제조업체가 유통업체를 직접 운영하거나, 원재료 기업을 인수**하는 경우이다.

* 가치사슬 : 제품이나 서비스를 만들고 팔 때까지의 모든 과정

** 인수 : 다른 기업이나 사업을 사는 것

3. 다각화의 목적

① 더 크게 성장하기 위해

기업은 더 많은 돈을 벌고, 기업을 더 크게 만들기 위해 새로운 사업을 시작한다. 예를 들어, 자동차를 만드는 기업이 전기차 배터리 사업도 시작하면 더 많은 이익을 낼 수 있다. 새로운 이익을 얻고 기업을 더 키우려고 다각화한다.

② 위험을 줄이기 위해

한 가지 사업만 하면, 그 사업이 잘 안될 때 큰 손해를 볼 수 있다. 하지만 여러 가지 사업을 하면, 하나가 안 돼도 다른 사업에서 돈을 벌 수 있다. 위험을 나누고, 손해를 줄이기 위해 다각화를 한다.

③ 기업 안에 있는 자원을 잘 사용하기 위해

기업은 일하는 사람, 기계, 돈, 기술 같은 자원을 가지고 있다. 이 자원을 하나의

Using these resources not just for one business but also for new businesses can increase efficiency. Diversification allows companies to avoid wasting what they already have and use it effectively in other areas.

4. Risks and Limitations of Diversification

While diversification has many benefits, there are also important risks to consider. The following are some problems that may occur when a company diversifies.

① Too many businesses make management difficult

When a company runs several businesses at the same time, there are more things to manage. This can reduce focus, cause mistakes, and lead to problems in the business.

② Entering an unfamiliar fields is more likely to lead to failure

If a company quickly enters a field it doesn't understand well, it may make mistakes or suffer losses. This is especially risky when the new business is very different from the company's existing business.

③ The core business may become weaker

If a company spends too many resources on a new business, it may not be able to focus on its original business. As a result, even a strong area of the company may gradually become weaker.

사업만이 아니라, 다른 새로운 사업에도 함께 쓰면 더 효율적이다. 기업은 가지고 있는 것을 낭비하지 않고, 다른 사업에도 잘 쓰기 위해 다각화를 한다.

4. 다각화의 위험과 한계

다각화 전략은 좋은 점도 많지만, 조심해야 할 점도 있다. 다음은 다각화할 때 생길 수 있는 문제들이다.

① 너무 많은 사업을 하면 관리가 어려워진다.

기업이 여러 사업을 동시에 하면, 관리할 것이 많아진다. 사업에 집중하지 못하고, 실수가 생기거나 문제가 생길 수 있다.

② 잘 모르는 분야에 도전하면 실패할 가능성이 높다.

기업이 잘 모르는 분야에 급하게 들어가면, 실수하거나 손해를 볼 수 있다. 특히, 기존 사업과 전혀 다른 분야라면 더 어렵다.

③ 중요한 사업이 약해질 수 있다.

새로운 사업에 자원을 많이 쓰면, 원래 잘하던 사업에 집중하지 못할 수 있다. 그러면 원래 강했던 분야도 점점 약해질 수 있다.

5. Case Study: Related Diversification _ Amorepacific Group

Amorepacific is a leading Korean company that makes cosmetics. Originally, the company produced products that are applied to the skin, such as lotion, cream, and lipstick. Recently, it has also started making health supplements that are good for the skin.

Existing Business _ Cosmetics	**Diversified Business _ Health Supplements**
• Amorepacific produces basic skincare and makeup products. • Basic skincare products help keep the skin hydrated and healthy. • Makeup products include items like lipstick and foundation for enhancing appearance.	• Amorepacific also develops inner beauty products to improve skin health from the inside. • Inner beauty products include edible collagen, probiotics, and vitamins. • The company expanded into health supplements because cosmetics alone may not be enough for skin care.
Relevance_ Same customers, same purpose	• Both cosmetics and inner beauty products aim to make the skin healthier and more beautiful. • Customers who buy cosmetics are also likely to purchase inner beauty products. • Both products mainly target female customers, especially those in their 20s to 40s who are interested in health and beauty.
Effect_ One company manages both external and internal care	• Amorepacific builds an image of managing the outside (skin surface) with cosmetics and the inside (health) with supplements. • Through the "apply + eat" beauty strategy, the brand increases its value and attracts more customers. • For customers, it's convenient to buy everything they need for skincare from a single brand.

5. 관련 다각화 사례_아모레퍼시픽[31]

아모레퍼시픽은 화장품을 만드는 한국의 대표적인 기업이다. 이 기업은 원래 피부에 바르는 제품(예: 로션, 크림, 립스틱 등)을 만들었다. 그런데 최근에는 피부에 좋은 건강기능식품도 함께 만들고 있다.

기존 사업_화장품	다각화 사업_건강기능식품
• 아모레퍼시픽은 기초 화장품과 색조 화장품을 만든다. • 기초 화장품은 피부를 촉촉하게 하고 건강하게 만들어주는 제품이다. • 색조 화장품은 립스틱, 파운데이션처럼 얼굴을 꾸미는 제품이다.	• 아모레퍼시픽은 피부를 안에서부터 건강하게 하기 위한 이너뷰티 제품도 만든다. • 이너뷰티 제품은 먹는 콜라겐, 유산균, 비타민 등이다. • 바르는 화장품만으로는 부족할 수 있기 때문에, 먹는 건강식품으로 피부를 관리할 수 있도록 확장한 것이다.
관련성_ 같은 고객, 같은 목적	• 화장품과 이너뷰티 제품은 모두 피부를 더 건강하고 예쁘게 만들기 위한 제품이다. • 화장품을 사는 고객들이 이너뷰티 제품도 함께 구매할 가능성이 높다. • 두 제품 모두 여성 고객, 특히 20대~40대 건강·뷰티에 관심 있는 사람을 주요 대상으로 한다.
효과_ 하나의 기업이 바르는 것과 먹는 것을 함께 관리함	• 아모레퍼시픽은 화장품으로 겉(외면)을, 건강기능식품으로 속(내면)을 관리해 주는 이미지를 만든다. • '바르는 뷰티+먹는 뷰티' 전략을 통해 브랜드 가치를 높이고, 더 많은 고객을 끌어들이고 있다. • 고객 입장에서도 하나의 브랜드에서 피부 관리에 필요한 모든 것을 살 수 있어서 편리하다.

---

31 Business Post (2020. 06. 29). 아모레퍼시픽, 사업 포트폴리오 다각화 위해 건강기능식품에 힘실어. https://www.businesspost.co.kr/BP?command=article_view&num=184984

6. Case Study: Unrelated Diversification _ CJ Group

CJ Group originally started as a food company. Its main subsidiary, CJ CheilJedang, produced and sold a wide range of food products such as soy sauce, red pepper paste, instant rice (Hetbahn), and Bibigo Mandu. However, CJ expanded its business into the media industry (broadcasting and film), which is completely unrelated to the food industry.

Existing Business_Food	Diversified business _ Media Contents
• CJ produces leading Korean food products through CJ CheilJedang. • It manufactures a wide range of food products such as Hetbahn (instant rice), Bibigo Mandu, gochujang (red pepper paste), doenjang (soybean paste), and seasonings.	• CJ ENM produces various types of content including dramas, entertainment shows, films, and K-pop. • Examples: Drama Mr. Sunshine, TV show Show Me the Money, and film Parasite.
Relatedness _Very low	• The food industry and the media industry differ completely in terms of technology, target customers, and operations. • For example, the technology used to produce Hetbahn is completely different from the technology used to produce a drama. • Therefore, this is considered an expansion into an unrelated industry.
Effect _Overall group growth, risk diversification	• CJ Group is growing by generating profits not only in food but also in media. • When one industry is in recession, the group can earn profits from the other industry, thus spreading risk. • Especially with the popularity of K-content, CJ ENM gained a global brand image even overseas.

6. 비관련 다각화 사례_CJ그룹[32]

CJ그룹은 원래 식품을 만드는 기업이었다. 대표 기업은 CJ제일제당으로, 간장, 고추장, 햇반, 비비고 만두 등 다양한 식품을 만들어 팔았다. 그런데 CJ는 식품과 전혀 관계가 없는 미디어(방송, 영화) 산업으로도 사업을 넓혔다.

기존 사업_식품	다각화 사업_미디어 콘텐츠
• CJ는 CJ제일제당을 통해 한국을 대표하는 식품을 만든다. • 햇반, 비비고 만두, 고추장, 된장, 조미료 등 다양한 먹거리를 생산한다.	• CJ ENM은 드라마, 예능, 영화, K-POP 등 다양한 콘텐츠를 만든다. • 예: 드라마 〈미스터 션샤인〉, 예능 〈쇼미더머니〉, 영화 〈기생충〉
관련성_ 거의 없음	• 식품 산업과 미디어 산업은 사용하는 기술, 고객층, 운영 방식이 모두 다르다. • 예를 들어, 햇반을 만드는 기술과 드라마를 만드는 기술은 전혀 다르다. • 따라서 이는 비관련 다각화이다.
효과_ 그룹 전체의 성장, 리스크 분산	• 식품뿐만 아니라 미디어에서도 수익을 낼 수 있게 되어, CJ그룹 전체가 성장하고 있다. • 한 산업이 불황일 때 다른 산업에서 이익을 얻어 위험을 분산할 수 있다. • 특히 K-콘텐츠의 인기로 CJ ENM은 해외에서도 글로벌 브랜드 이미지를 갖게 되었다.

32 MES 시장경제학회 (2017. 09. 11). [한국경제 이끄는 기업·기업인] CJ그룹 이재현과 한국영화산업. https://mes.re.kr/870

C Vertical Integration

1. The definition of Vertical Integration

All the steps involved in delivering a product or service to the customer are called the value chain. Vertical integration is a type of diversification strategy in which a company directly manages part or all of the activities within this value chain. Generally, the value chain includes: procurement → manufacturing → logistics → sales → customer service.

2. Types of Vertical Integration

① Backward Integration

This strategy involves the company taking over earlier stages of the value chain to manage operations more efficiently. For example, if an automobile company builds a steel factory to produce its own automotive steel sheets, that is a backward integration strategy. Since cars require steel, producing the steel in-house instead of purchasing it from another company can reduce costs and allow better control over quality.

② Forward Integration

This strategy involves the company taking over later stages of the value chain to operate them more efficiently. For instance, if an automobile company operates its own brand dealerships or directly manages its service centers, this is considered forward integration.

C 수직적 통합

1. 수직적 통합의 정의

제품이나 서비스를 고객에게 전달하는 전체 과정을 가치사슬이라고 한다. 수직적 통합은 다각화의 한 종류로 가치사슬에 있는 활동 중 일부 또는 전체를 기업이 직접 운영하는 전략이다. 일반적으로 가치사슬은 '구매 → 제조 → 물류 → 판매 → 고객서비스'로 구성된다.

2. 수직적 통합의 종류

① 후방 통합

기업이 수행 중인 기존 사업의 가치사슬에서 앞 단계에 해당하는 과정을 직접 운영함으로써 더 효율적으로 관리는 전략이다. 예를 들어, 자동차 기업이 '자동차 강판'을 직접 생산하는 철강 공장을 짓는 것이 후방 통합 전략이다. 자동차를 만들려면 철이 필요하다. 다른 기업에서 사오던 철을 우리 기업이 직접 만들어서 사용하면 비용도 줄고, '자동차 강판' 품질을 효율적으로 관리할 수 있다.

② 전방 통합

기업이 수행 중인 기존 사업의 가치사슬에서 뒤 단계에 해당하는 과정을 직접 운영함으로써 더 효율적으로 관리는 전략이다. 예를 들어, 자동차 기업이 자기 브랜드의 자동차 매장을 직접 운영하거나 서비스 센터를 직접 운영하면 이것이 전방 통합이다.

3. Advantages of Vertical Integration

Companies can control product quality better. Because they do things by themselves, they don't have to pay other companies, so the cost can be lower. They can also deliver products to customers more quickly.

4. Disadvantages of Vertical Integration

Since the company has to manage everything, the work can become more complex. It is also harder to adapt to changes in the market, so the company may become less flexible.

5. Case Study: Vertical Integration _ Hyundai Motor Company

Hyundai Motor is one of the most famous car companies. Hyundai makes many of its own car parts, sells the cars directly to customers, and also provides repair services. This is a strategy based on vertical integration.

Backward Integration – Making Parts	**Exsiting Business – Car Manufacturing**	**Forward Integration – Sales & Service**
• Hyundai does not buy car parts from other companies. • Its affiliates like Hyundai Mobis and Hyundai Wia make parts such as engines, brakes, and lights.	• Hyundai designs and assembles cars. • Popular models include Grandeur, Avante, Tucson, and Palisade.	• Hyundai runs its own showrooms to sell cars. • It also provides after-sales service through its own service center, called Blue Hands.
From making parts to selling and repairing cars, everything is connected.		
Effects	• Better quality control – Using in-house parts lowers the risk of problems. • Lower costs – No need to pay outside companies. • Higher customer satisfaction – Direct service gives better support.	

3. 수직적 통합의 장점

제품의 품질을 더 잘 관리할 수 있다. 자기가 직접 하니까, 다른 기업에 돈을 줄 필요가 없어서 비용이 줄어든다. 고객에게 더 빠르게 제품을 제공할 수 있다.

4. 수직적 통합의 단점

기업이 모든 과정을 직접 관리해야 해서 일이 복잡해질 수 있다. 시장 상황이 바뀌어도 쉽게 조절하기 어려워서 유연성이 떨어질 수 있다.

5. 수직적 통합 사례_현대자동차[33]

현대자동차는 한국을 대표하는 자동차 기업이다. 이 기업은 차를 만들 때 필요한 부품을 직접 만들고, 만든 차를 고객에게 직접 판매하고 정비도 해주는 전략을 사용한다.

<table>
<tr><th colspan="2">후방 통합_부품 만들기</th><th>기존 사업_자동차 제조</th><th>전방 통합_직접 판매 및 서비스 센터 운영</th></tr>
<tr><td colspan="2">• 현대차는 차에 들어가는 부품을 외부 기업에 맡기지 않고, 현대제철, 현대모비스, 현대위아 같은 계열사에서 직접 만든다.
• 예: 자동차 강판, 엔진, 브레이크, 조명 등</td><td>• 현대차는 차를 디자인하고, 조립하여 만드는 자동차 제조 기업이다.
• 대표 차종: 그랜저, 아반떼, 투싼, 팰리세이드</td><td>• 자동차를 직접 파는 매장(직영 전시장)을 운영한다.
• 차를 산 고객을 위해 공식 정비소인 블루핸즈를 운영한다.</td></tr>
<tr><td colspan="4">차를 만드는 것부터, 파는 것, 고치는 것까지 모든 과정이 하나로 연결</td></tr>
<tr><td>효과</td><td colspan="3">• 품질 관리가 쉬워진다: 직접 만든 부품을 쓰기 때문에 문제가 생길 가능성이 줄어든다.
• 비용을 줄일 수 있다: 다른 기업에 돈을 줄 필요가 없어 돈을 아낀다.
• 고객 만족이 높아진다: 정비 서비스까지 직접 관리하니까 더 좋은 서비스를 줄 수 있다.</td></tr>
</table>

33 매일일보 (2023. 05. 23). [기획]현대차그룹, 위기에 강한 비결은 '수직계열화'. https://www.m-i.kr/news/articleView.html?idxno=1015984

D Strategic Alliance

1. The definition of a Strategic Alliance

A strategic alliance is a strategy where two or more companies work together to gain mutual benefits. Each company stays independent. They develop products and do marketing together, but each company operates separately.

Types of strategic alliances include co-branding, joint development, and joint services.

2. Advantages of Strategic Alliances

① They can support each other by filling in what the other company lacks.
Example: A company without technology can work with one that has it.

② They can enter new markets more quickly.

Example: Partnering with a local company can make it easier to enter a foreign market.

③ They can save money and time. Working together usually costs less than doing everything alone.

3. Case Study: Strategic Alliance _ Samsung Electronics and Google

Samsung Electronics is a leading IT company in Korea that makes smartphones and home appliances. Google is an American IT company that provides the Android operating system and various digital services. Samsung installs Google's Android system on its smartphones, and Google works to ensure its services work well on Samsung devices. These two companies have formed a strategic alliance.

D 전략적 제휴

1. 전략적 제휴의 정의

전략적 제휴는 두 개 이상의 기업이 서로 힘을 합쳐 함께 이익을 얻으려는 전략이다. 각각의 기업은 서로 독립적이다. 같이 만들고, 같이 마케팅하지만, 기업은 각자 운영한다. 전략적 제휴 종류에는 공동 브랜드, 공동 개발, 공동 서비스가 있다.

2. 전략적 제휴의 장점

① 부족한 부분을 서로 도와서 채울 수 있다. 예: 기술이 부족한 기업은 기술을 가진 기업과 협력할 수 있다.
② 새로운 시장에 더 빠르게 들어갈 수 있다. 예: 외국 기업과 제휴하면 그 나라 시장에 쉽게 들어갈 수 있다.
③ 돈과 시간을 아낄 수 있다. 같이 만들면 혼자 할 때보다 비용이 줄어든다.

3. 전략적 제휴 사례_삼성전자와 구글

삼성전자는 스마트폰, 가전제품 등을 만드는 한국의 대표 IT 기업이고, 구글은 안드로이드 운영체제와 다양한 디지털 서비스를 제공하는 미국의 IT 기업이다. 삼성전자는 구글의 안드로이드 운영체제를 스마트폰에 탑재*하고, 구글은 삼성 기기에서 자사의 서비스가 잘 작동하도록 협력한다. 두 기업은 전략적 제휴를 맺고 있다.

* 탑재 : 기계에 기능을 넣는 것

- **Strategic Alliance between Samsung Electronics and Google**

Who is working together?	• Samsung Electronics: A Korean company that makes Galaxy smartphones, tablets, and smartwatches • Google: A U.S. company that provides the Android operating system, YouTube, Google Maps, and Play Store
What are they doing together?	• Samsung installs Google's Android system on its smartphones • Google provides a version of Android that works best on Samsung devices
Why are they working together?	• Samsung uses Android, which is widely used around the world, to improve user convenience and device compatibility. • Google expands the influence of its Android system and Google services through Samsung, the world's largest smartphone maker.
What are the characteristics?	• This is a leading collaboration between software (Google) and hardware (Samsung), both key players in the global smartphone market. • The two companies form a core Android partnership through continuous technical cooperation and new product launches.
What are the effects of this partnership?	• Samsung continues to lead the global smartphone market and competes with Apple through ongoing innovation. • Google has expanded its dominance in the mobile ecosystem through the Android OS and Google apps. • Consumers can use reliable devices and various services at the same time.

• **삼성전자와 구글의 전략적 제휴**

누가 협력하나?	• 삼성전자: 갤럭시 스마트폰, 태블릿, 스마트워치 등을 만드는 한국 기업 • 구글: 안드로이드 운영체제와 유튜브, 구글 지도, 플레이스토어 등을 제공하는 미국 기업
어떤 일을 함께하나?	• 삼성전자는 스마트폰에 구글의 안드로이드 운영체제를 탑재한다. • 구글은 삼성 기기에 최적화*된 안드로이드 버전을 제공한다.
왜 함께하나?	• 삼성전자는 세계적으로 많이 쓰이는 안드로이드를 사용함으로써 사용자 편의성과 기기 호환성**을 확보한다. • 구글은 세계 최대 스마트폰 제조사인 삼성을 통해 안드로이드 생태계***와 구글 서비스의 영향력을 넓힌다.
어떤 특징이 있나?	• 세계 스마트폰 시장에서 중요한 위치를 차지하는 소프트웨어(구글)-하드웨어(삼성)의 대표 협력 관계다. • 두 기업은 지속적인 기술 협업과 신제품 출시를 통해 안드로이드 진영의 핵심 파트너십을 형성하고 있다.
이 제휴의 효과는?	• 삼성전자는 글로벌 스마트폰 시장에서 애플과 경쟁하며 지속적인 기술 혁신과 시장 선도를 유지하고 있다. • 구글은 안드로이드 운영체제와 구글 앱을 통해 모바일 생태계 지배력을 확대하고 있다. • 소비자들은 안정적인 기기와 다양한 서비스를 동시에 사용할 수 있다.

* 최적화 : 가장 좋게 만드는 것

** 호환성 : 함께 사용할 수 있는 것

*** 생태계 : 제품, 서비스, 사람들이 함께 연결된 환경

E Summary and Key Terms

Corporate-level strategy is the plan a company uses to decide its overall direction—such as which businesses to continue, start, or stop. Major strategies include diversification, vertical integration, and strategic alliances.

Term	Explanation
Diversification Strategy	A strategy in which a company enters a new industry or market beyond its existing business
Related Diversification	A strategy to enter into a field similar to the existing business
Unrelated Diversification	A strategy to enter an industry completely different from the existing business
Vertical Integration	A strategy in which a company directly manages part or all of the process from production to sales
Backward Integration	Integrating the earlier stages of the value chain within the company.
Forward Integration	Integrating the later stages of the value chain within the company
Strategic Alliance	A strategy where two independent companies collaborate by sharing resources, technology, or ideas

E 요약 및 주요 용어

기업 수준 전략은 기업 전체가 어떤 방향으로 나아갈지, 어떤 사업을 계속하고 새로 시작하거나 그만둘지를 정하는 전략이다. 대표적인 전략으로는 사업을 넓히는 '다각화 전략', 생산부터 판매까지 일부 또는 전체를 직접 운영하는 '수직적 통합 전략', 다른 기업과 협력하는 '전략적 제휴 전략'이 있다.

용어	설명
다각화 전략	기존 사업 외에 새로운 산업이나 시장에 진출하는 전략
관련 다각화	기존 사업과 비슷한 분야로 진출하는 전략
비관련 다각화	기존 사업과 전혀 다른 산업에 진출하는 전략
수직적 통합	제품을 생산하고 판매하는 과정에서 일부 또는 전체를 직접 운영하는 전략
후방 통합	가치사슬에 있는 활동 중 앞 단계를 기업에 통합하여 직접 운영함
전방 통합	가치사슬에 있는 활동 중 뒤 단계를 기업에 통합하여 직접 운영함
전략적 제휴	독립된 두 기업이 자원·기술·아이디어를 공유하며 협력하는 전략

F Team Workshop

1. Topic: Analyzing Corporate Diversification Strategies

Purpose	To examine various companies' diversification strategies and understand the differences between related and unrelated diversification as well as their strategic purposes.	
Activities Steps	Research & Organization	Investigate a company's diversification strategies: • Case of related diversification • Case of unrelated diversification • Purpose and effect of the strategy (e.g., growth, risk reduction)
	Presentation	Each team presents their analysis

2. Diversification Template Example _ LG Electronics

Item	Related Diversification Case
① What was the company's original core business?	Home appliances such as refrigerators, washing machines, and TVs
② What is the new business?	Electric vehicle parts
③ Are there similarities between the new and original businesses? (If the customers, technology, or brand are similar, it is related diversification.)	• Home appliances and EV parts use similar technologies, like motors and electricity. • The same factories and technical staff can be shared.
④ Why did the company choose this business?	• The EV market is growing rapidly, and LG wants to use its technology to increase profits.

F 팀 워크숍

1. 주제: 기업 다각화 전략 분석

목적	다양한 기업의 다각화 전략 사례를 조사하고, 관련·비관련 다각화의 차이와 전략적 목적을 이해한다.	
활동 구성	조사 및 정리	기업의 다각화 전략 조사 • 관련 다각화 사례 • 비관련 다각화 사례 • 전략의 목적과 효과(성장, 위험 분산 등)
	발표	각 팀이 분석한 결과를 발표한다.

2. 기업 다각화 템플릿 예시_LG 전자

항목	관련 다각화 사례
① 이 기업이 원래 하던 대표적인 사업은 무엇인가?	냉장고, 세탁기, TV 등 가전제품
② 새로운 사업은 무엇인가?	전기차 부품 사업
③ 새로운 사업과 기존 사업이 서로 비슷한 점이 있는가? (고객, 기술, 브랜드가 비슷하면 관련 다각화이다.)	• 가전제품과 전기차 부품은 모터, 전기 기술이 비슷하다. • 같은 공장이나 기술을 함께 사용할 수 있다.
④ 왜 기업이 이 사업을 선택했나?	• 전기차가 새로운 시장으로 빠르게 성장하고 있다. • LG 전자는 기술을 활용해 전기차 시장에서 수익을 얻을 수 있다.

Item	Related Diversification Case
⑤ What are the main products or services created through this diversification?	• Inverters, motors, and battery parts for electric vehicles
⑥ What positive results did this strategy bring?	• Existing technologies were applied in a new field, helping to reduce costs and increase competitiveness in future industries.
⑦ What potential problems could arise from this strategy?	• Since LG does not manufacture cars itself, it may face challenges selling parts without strong partnerships with automakers. • The EV market is still unstable, so profits may be delayed or losses may occur.

항목	관련 다각화 사례
⑤ 이 다각화 사업에서 만든 대표 제품이나 서비스는 무엇인가?	• 전기차용 인버터, 모터, 배터리 부품
⑥ 이 전략이 어떤 좋은 결과를 가져왔는가?	• 기존 기술을 다른 분야에 쓸 수 있어 비용 절약도 되고, 미래 산업에서 경쟁력도 올라갔다.
⑦ 이 전략에서 어떤 문제점이 발생할 수 있을까?	• LG 전자는 자동차를 직접 만들지 않기 때문에, 자동차 기업들과 잘 협력하지 않으면 제품을 팔기 어려울 수 있다. • 전기차 시장이 아직은 불안정해서, 예상보다 수익이 늦게 생기거나 손해가 날 수도 있다.

VII

기업 수준의 전략 2

Corporate-Level Strategy 2

A M&A

1. The definition of M&A (Mergers and Acquisitions)

Mergers and acquisitions (M&A) is a strategy where one company buys another, or two companies combine into one.

• Types and Characteristics of M&A

Type	Acquisition	Absorption Merger	New Merger
Meaning	One company buys another and makes it part of its business.	One company fully merges with another and includes it in its own business.	Two companies disappear and a completely new company is created.
Which company remains?	Both companies exist, but one controls the other.	The larger company stays, and the smaller one disappears.	Only the new company remains; both old ones are gone.
What changes?	Only the owner changes; operations stay almost the same.	They combine names, systems, and structure into one.	A new name, organization, and company are created.
Example	Kakao bought Melon. Both still exist.	LG Chem absorbed LG Life Sciences. LG Life Sciences no longer exists.	No recent examples.

2. Advantages and Disadvantages of M&A

Mergers and acquisitions (M&A) help a company quickly enter a new market. Through M&A, a company can easily gain new technologies, skilled workers, and strong brands. It can also reduce the number of competitors. However, M&A

A 인수합병

1. 인수합병의 정의

인수합병은 한 기업이 다른 기업을 사거나, 두 기업이 하나로 합쳐지는 전략이다. 인수는 한 기업이 다른 기업을 사들이는 것이고, 합병은 두 기업이 하나로 합쳐져 새로운 기업이 되는 것이다.

• **M&A 종류와 특징**

구분	인수	흡수합병	신설합병
뜻	한 기업이 다른 기업을 사서 자기 기업으로 만든다.	한 기업이 다른 기업을 완전히 합쳐서 자기 기업에 포함한다.	두 기업이 함께 없어지고, 완전히 새로운 기업이 생긴다.
남는 기업	두 기업 다 존재한다. (하지만 한 기업이 다른 기업을 지배함)	큰 기업은 남고, 작은 기업은 사라진다.	새로운 기업만 남고, 기존 기업들은 없어진다.
변화	기업 주인만 바뀌고, 운영은 거의 그대로 한다.	조직, 이름, 시스템을 하나로 합친다.	이름, 조직, 법인 모두 새로 시작한다.
예시	카카오가 멜론을 인수했다. 카카오와 멜론 모두 존재한다.	LG화학이 LG생명과학을 흡수합병하였다. LG생명과학은 없어졌다.	최근 사례 없음

2. 인수합병의 장·단점

인수합병은 새로운 시장에 빠르게 들어갈 수 있고, 기술, 인재, 브랜드 등을 쉽게 얻을 수 있다. 경쟁 기업을 줄일 수 있는 장점이 있다. 그러나 매우 많은 돈이 필요하고, 두 기업의 조직문화가 달라 문제가 생길 수 있다. 잘못하면 인수 또는 합병

requires a lot of money. If the two companies have different organizational cultures, problems may occur. In some cases, the company may not be able to manage the acquired business well.

3. Case Study: Kakao's Acquisition of Melon

Company Name	Kakao
Acquired Company	Melon – the largest music streaming service in South Korea
Year of Acquisition	2016: Kakao acquired Loen Entertainment, which operated Melon
Purpose of Acquisition	Kakao wanted to grow into a full content company by owning music content, along with drama and webtoon services.
Expected Benefits	Kakao hoped to increase its market share in music streaming.
Possible Risks	Kakao and Melon have different company cultures, which might make cooperation difficult.
Current Status	Melon is now operated under "Kakao Entertainment," along with Kakao M content.

4. Case Study: LG Chem's Merger of LG Life Sciences

Company Names	LG Chem and LG Life Sciences
Type of Merger	LG Chem absorbed LG Life Sciences (in 2017)
Main Businesses Before the Merger	• LG Chem: batteries, petrochemicals, and advanced materials • LG Life Sciences: pharmaceuticals and biotechnology
Reason for the Merger	To strengthen LG's bio business and combine R&D resources
Company That Disappeared	LG Life Sciences (it no longer exists legally)
Company That Remains	LG Chem (continues after the merger)
Effect of the Merger	LG Chem, which used to only make plastics, now also develops medicines.

한 기업을 제대로 운영하지 못할 수도 있다.

3. 인수 사례_카카오와 멜론

기업 이름	카카오(Kakao)
인수 대상	멜론(Melon) - 한국 최대의 음악 스트리밍 서비스
인수 시기	2016년, 카카오가 로엔엔터테인먼트(멜론 운영사) 인수
인수 목적	음악 콘텐츠를 직접 보유하고 음악, 드라마, 웹툰 등 종합 콘텐츠 기업으로 성장하기 위해서 인수했다.
기대 효과	음악 스트리밍 시장 점유율 확대를 기대한다.
위험 요소	멜론과 카카오의 기업문화가 달라 서로 잘 협력하지 않을 수 있다.
현재 운영	'카카오엔터테인먼트'에서 멜론과 카카오M 콘텐츠를 통합하여 운영 중이다.

4. 합병 사례_LG화학과 LG생명과학

기업 이름	LG화학, LG생명과학
합병 방식	LG화학이 LG생명과학을 흡수하였다 (2017년)
기존 사업	• LG화학: 배터리, 석유화학, 신소재 • LG생명과학: 의약품, 바이오 기술
합병 이유	바이오 분야를 강화하고, 연구개발(R&D) 자원을 통합하기 위해 합병하였다.
흡수된 기업	LG생명과학 (법적으로 사라짐)
남은 기업	LG화학 (합병 후 존속* 기업)
합병 효과	플라스틱을 만들던 LG화학이, 이제는 약도 개발하는 기업이 되었다.

* 존속 : 계속해서 존재하거나 유지됨

B Outsourcing Strategy

1. Definition of an Outsourcing Strategy

An outsourcing strategy is when a company does not do everything by itself. Instead, it gives certain tasks to other companies (external companies). This helps the company work more efficiently by focusing only on its core tasks and letting experts handle the rest.

For example, a company may not run its own customer service center. Instead, it may ask a professional call center company to take care of customer service. When using outsourcing, companies sign a contract that clearly says what work will be done and by when.

2. Advantages of an Outsourcing Strategy

① Expert Support : Companies can get help from experts. If another company is more skilled in a task, the quality of work can be better.

② Lower Costs : The company can save money because it does not need to hire new staff or buy new equipment.

③ Time Saving : External companies are usually already prepared, so they can complete tasks faster.

④ Focus on Core Tasks : The company can concentrate its time, money, and energy on the most important things it does best.

B 아웃소싱 전략

1. 아웃소싱 전략의 정의

아웃소싱 전략은 기업이 모든 일을 스스로 하지 않고, 다른 기업(외부 기업)에 일을 맡기는 전략이다. 기업은 핵심 업무에 집중하고, 다른 일은 그 분야를 잘하는 기업에 맡겨서 더 효율적으로 일할 수 있다. 예를 들어, 기업이 직접 고객센터를 운영하지 않고, 전문 콜센터 기업에 고객 응대*를 맡기는 것도 아웃소싱이다. 일을 맡길 때는 계약서를 쓰고, 언제까지, 어떤 일을 맡을지 정한다.

* 고객 응대 : 고객의 질문이나 불만을 듣고 해결하는 일

2. 아웃소싱 전략의 장점

① 전문가의 도움을 받을 수 있다. 우리 기업보다 더 잘하는 기업에 맡기면 품질이 더 좋아진다.

② 비용을 줄일 수 있다. 새로 사람을 뽑거나 장비를 살 필요가 없어서 돈이 덜 든다.

③ 시간을 절약할 수 있다. 외부 기업은 이미 준비가 되어 있어서 더 빠르게 일할 수 있다.

④ 핵심 업무에 집중할 수 있다. 기업은 자신이 가장 잘하는 일(핵심역량)에 힘과 자원을 집중할 수 있다.

3. Disadvantages of an Outsourcing Strategy

While outsourcing can be helpful, there are also some problems that companies need to consider:

① Quality Problems : If the external company does not do a good job, the quality of the product or service may become poor.

② Risk of Information Leaks : Sensitive information could leak. There's a risk of critical technologies or customer data being exposed to external companies.

③ Weaker Internal Skills : If a company always gives the same work to outside companies, its own employees may lose the ability to do that work.

④ Communication Issues : If the company and the external company have different opinions or ideas, it may cause delays or problems in the work.

⑤ Less Flexibility : Because of the contract, it may be difficult to change the work quickly. The company may not be able to respond well to sudden changes.

4. Case Study: Outsourcing _ Nike

Company Name	Nike
What is outsourced?	Shoes and clothing production is done by other factories
Where is it made?	In outside factories located in Vietnam, Indonesia, China, and other countries
Why outsource?	Labor costs are lower, and experienced factories can make products faster and cheaper
What does Nike do?	Focuses only on core tasks like design, marketing, and brand management
Effect	Nike reduces costs and still delivers high-quality products worldwide

3. 아웃소싱 전략의 단점

① 품질 문제가 생길 수 있다. 외부 기업이 일을 잘하지 못하면, 제품이나 서비스의 품질이 나빠질 수 있다.

② 정보가 새어 나갈 수 있다. 중요한 기술이나 고객 정보가 외부 기업으로 유출*될 위험이 있다.

③ 기업이 계속 외부에 일을 맡기면, 해당 업무를 스스로 할 수 있는 내부 직원의 역량이 약해질 수 있다.

④ 우리 기업과 외부 기업 사이에 생각 차이가 생기면, 일이 늦어지거나 문제가 생길 수 있다.

⑤ 계약에 따라 유연성**이 떨어질 수 있다. 정해진 계약 때문에, 갑자기 일을 바꾸기 어렵다.

* 유출 : 비밀이나 정보가 다른 사람에게 알려짐

** 유연성 : 상황에 따라 잘 바꾸는 능력

4. 아웃소싱 전략 사례_나이키

기업명	나이키(Nike)
무엇을 아웃소싱하나?	신발과 옷 생산을 다른 나라의 공장에서 한다.
어디서 만들까?	베트남, 인도네시아, 중국 등에 있는 외부 공장이다.
왜 맡기나?	인건비가 낮고, 경험이 많은 외부 업체가 더 빠르고 싸게 만들 수 있기 때문이다.
나이키는 무엇을 하나?	디자인, 마케팅, 브랜드 관리 등 핵심 업무만 한다.
효과	나이키는 비용을 줄이면서도, 좋은 품질의 제품을 세계에 공급할 수 있다.

C Global Expansion Strategy

1. The definition of a Global Expansion Strategy

A global expansion strategy is a method used by companies to sell their products or services in foreign markets. Companies may change their products to fit local markets, or they may sell the same product around the world. If used well, this strategy can help companies gain more customers in many countries.

However, if they do not understand the local culture, laws, or competition, they may fail. Also, logistics and marketing costs can be high, and communication with local customers may be difficult.

Global expansion strategies can be divided into three types:

① Localization Strategy

② Global Standardization Strategy

③ Transnational Strategy

2. Global Expansion Strategy Methods

a) Localization Strategy

The localization strategy means changing products or services to match the culture, language, and consumer preferences of each country. For example, a hamburger company may sell a vegetable burger instead of a beef burger in India. This strategy increases customer satisfaction in the local market. However, it requires extra time and money for product development and marketing.

C 해외 진출전략

1. 해외 진출전략의 정의

해외 진출전략은 기업이 외국 시장에 상품이나 서비스를 판매하기 위해 사용하는 방법이다. 기업은 다른 나라의 시장에 맞춰 제품을 바꾸거나, 전 세계에 같은 제품을 팔기도 한다. 이 전략을 잘 사용하면 세계 여러 나라에서 더 많은 고객을 얻을 수 있다. 하지만 외국의 문화, 규제, 경쟁 상황을 잘 모르면 실패할 수 있다. 물류나 마케팅 비용이 많이 들고, 현지 소비자와 소통이 어려울 수도 있다.

해외 진출전략은 ① 현지화 전략, ② 글로벌 전략, ③ 범세계적 전략으로 구분할 수 있다.

2. 해외 진출전략 방법

a) 현지화 전략

현지화 전략은 나라별 문화, 언어, 소비자 취향에 맞게 제품이나 서비스를 바꾸는 전략이다. 예를 들어, 햄버거 기업이 인도에서는 쇠고기 대신 채소 버거를 파는 경우이다.[34] 이 전략은 현지 고객 만족을 높인다. 그러나, 제품 개발과 마케팅에 추

34 아시아경제 (2012. 09. 05). 맥도날드, 인도에서 처음으로 '채식 전용 매장' 연다. https://www.asiae.co.kr/article/2012090509374398311
트레블바이크뉴스 (2019. 03. 22). 인도 햄버거에 없는 것, 소고기 대신 이것?. https://www.

• **Case Study: Localization Strategy_McDonald's**

Strategy Type	• Localization Strategy
Target Country	• India
Background	• In India, many people are Hindu. In Hinduism, cows are considered sacred, so people do not eat beef.
Key Strategy Details	• Removed beef menu items • Expanded vegetarian and chicken-based menu options
Restaurant Operation	• Separated kitchens, cooking utensils, and employee uniforms for vegetarian (Veg) and non-vegetarian (Non-Veg) offerings
Effects of Localization	• Increased local customers by respecting religious and cultural sensitivities • Maintained strong brand image in both global and local markets
Key Insights	• Went beyond simple menu changes by deeply considering cultural values • Achieved success by integrating cultural elements into product and marketing strategies

b) Global Strategy

A global strategy means offering the same product and marketing approach across the world. For example, the iPhone has the same design and advertisements no matter where it is sold. This strategy helps reduce costs and creates a consistent brand image. However, it can be difficult to meet the specific needs of each country, which may lead to dissatisfaction among local customers.

가 비용이 필요하고 시간이 오래 걸리는 단점이 있다.

• 현지화 전략 사례_맥도날드[35]

전략 유형	• 현지화 전략
대상 국가	• 인도
전략 실행 배경	• 인도는 힌두교 인구가 다수이며, 힌두교에서는 소를 특별하게 생각하기 때문에 소고기를 먹지 않는다.
주요 전략 내용	• 소고기 메뉴를 없애고, 채식 및 닭고기 중심으로 메뉴를 확대했다.
레스토랑 운영 방식	• 채식(Veg)과 비채식(Non-Veg)을 위해 주방, 조리기구, 직원 유니폼까지 분리하여 운영하고 있다.
현지화의 효과	• 종교·문화적 민감성 반영하였기 때문에 현지 고객이 증가하였다. • 맥도날드는 세계적으로 유명한 브랜드를 유지하면서 인도 사람들에게도 좋은 브랜드 이미지를 유지하였다.
시사점	• 단순히 메뉴만 바꾸는 것이 아니라, 문화적 가치를 생각하면서 현지화 전략을 실행한 좋은 사례로 평가된다. • 맥도날드의 해외 진출 전략은 핵심 제품과 마케팅에서 각 국가의 문화적 특성을 매우 깊이 반영하여* 좋은 성과를 내고 있다.

* 반영하다 : 생각이나 상황을 보고 그에 맞게 바꾸다.

b) 글로벌 전략

글로벌 전략은 전 세계에 같은 제품과 마케팅을 사용하는 전략이다. 예를 들어, 아이폰은 세계 어디서나 같은 디자인과 광고를 사용한다. 이 전략은 비용을 줄일 수 있고 브랜드 이미지를 통일할 수 있다. 그러나 각 나라의 특별한 요구를 반영하기 어려워 현지 고객의 불만이 생길 수도 있다.

---

travelnbike.com/news/articleView.html?idxno=78413

35 브릿지경제 (2020. 09. 28). [비바100] 맥도날드, 인도진출 성공 비결은? 브랜드만 빼고 'Made in India'. https://www.viva100.com/20200926010005639

- **Case Study: Global Strategy_Apple**

Strategy Type	Global Strategy
Strategy Background	Apple aims to maintain a premium brand image. To achieve this, it is important to build consumer trust and ensure consistency in branding.
Key Strategic Actions	• Standardizes product design, features, and operating system (OS) worldwide. • Integrates global advertising and marketing. • Unifies Apple Store UI/UX and customer service across all countries.
Specific Examples	• iPhone design: Identical hardware design and features in the U.S., Korea, Europe, and China. • Advertising: Uses global slogans like "Shot on iPhone."
Effects of the Strategy	• Strengthened brand consistency and customer loyalty while reducing marketing and R&D costs. • Maintained a premium image in the global market.
Key Insights	A leading case of achieving economies of scale, maximizing brand value, and enhancing operational efficiency through a standardized global strategy.

c) Transnational Strategy

A transnational strategy is a combination of localization and global strategies. It keeps the core products and brand image consistent across countries, while adjusting certain elements to fit local preferences. For example, a global coffee brand may sell the same main coffee menu and use the same logo worldwide, but provide menus in the local language and offer special drinks that reflect local culture. This strategy can be very effective, but it is also complex and difficult to manage.

• 글로벌 전략 사례_애플

전략 유형	글로벌 전략
전략 실행 배경	애플은 고급 브랜드 이미지를 유지하는 것이 중요하다. 이를 위해서는 브랜드에 대한 소비자의 신뢰와 일관성*을 유지하는 것이 필요하다.
주요 전략 내용	• 제품 디자인, 기능, 운영체제(OS)를 표준화**하고, 글로벌 광고 및 마케팅을 통합한다. • 애플스토어 UI/UX 및 서비스를 동일화***한다.
구체적 사례	• Phone 디자인: 미국, 한국, 유럽, 중국 모두 같은 하드웨어 디자인과 기능을 갖고 있다. • 광고 캠페인: "Shot on iPhone" 등 글로벌 공통 슬로건****을 사용한다.
글로벌 전략의 효과	• 브랜드 일관성과 충성도를 확보하면서, 마케팅 및 R&D 비용을 줄였다. • 세계 시장에서 프리미엄 이미지를 유지하고 있다.
시사점	표준화된 글로벌 전략을 통해 규모의 경제, 브랜드 가치 극대화*****, 운영 효율성을 달성한 대표 사례이다.

* 일관성 : 변하지 않는 것

** 표준화 : 기준에 맞게 똑같이 만드는 것

*** 동일화 : 모두 똑같게 바꾸는 것

**** 슬로건 : 기업의 생각이나 목표를 담은 문장

***** 극대화 : 어떤 결과나 효과를 가장 좋게 만드는 것

c) 범세계적 전략

범세계적 전략은 현지화 전략과 글로벌 전략을 합친 전략이다. 핵심 제품과 브랜드 이미지는 유지하면서도, 나라별로 몇 가지 요소를 조정한다. 예를 들어, 글로벌 카페 브랜드가 핵심 커피 메뉴와 로고는 전 세계적으로 동일하게 유지하면서도, 각 나라의 언어로 메뉴판을 제작하고 현지 문화에 맞는 특별 음료를 추가하는 것이다. 이 전략은 가장 효과적일 수 있지만, 운영이 복잡하고 관리가 어렵다.

• **Case Study: Transnational Strategy_Procter & Gamble (P&G)**

Strategy Type	Transnational Strategy
Strategic Context	• Products like shampoo, toothpaste, and detergent vary in preference depending on local climate, skin types, and price sensitivity. • Adjusting to local needs while maintaining global brand consistency and operational efficiency helps maximize profits.
Main Strategic Actions	Maintain global brand names (e.g., Pampers, Ariel, Pantene) and adapt marketing, packaging, and product size to meet local market demands
Specific Cases	• Pampers: Thick diapers preferred in North America vs. thin, breathable diapers in Asia • Ariel Detergent: Cold-water formula in Europe vs. hand-wash-focused formula in India • Pantene Shampoo: Region-specific product lines (e.g., dry-hair care in the Middle East) • Packaging: Large-size packaging for developed markets vs. small, single-use sachets for emerging markets
Production & Operations	• Core products developed at global R&D centers • Final products adapted and manufactured in regional facilities to meet local needs
Combined Global + Local Benefits	• Maintains global brand trust • Achieves cultural and economic relevance • Balances operational efficiency with market responsiveness
Key Insights	A representative case of successful transnational strategy, ideal for global consumer goods companies aiming for both standardization and local adaptation.

• **범세계적 전략 사례_Procter & Gamble (P&G)**

전략 유형	범세계적 전략
전략 실행 배경	• 샴푸, 치약, 세제와 같은 제품은 나라별로 기후, 피부, 가격에 대한 생각이 달라서, 그 나라에 맞게 바꾸는 것이 필요하다. • 글로벌 브랜드 통일성과 운영 효율성을 유지하면서 각국 소비자 취향·문화·소득 수준을 반영하는 것은 수익 창출에 도움이 된다.
주요 전략 내용	제품 브랜드는 글로벌 표준을 유지(예: Pampers, Ariel, Pantene)하면서, 현지 시장에 맞춰 마케팅·포장·용량을 조정한다.
구체적 사례	• Pampers 기저귀 북미 시장 → 두꺼운 기저귀 선호 / 아시아 시장 → 얇고 통기성 좋은 제품 선호 • Ariel 세제 유럽 → 냉수용 제품 강조[36] / 인도 → 손빨래 중심 포뮬러 제공 • Pantene 샴푸 지역별 모발 유형에 따른 제품 라인 차별화(예: 중동 시장용 건조 모발 케어 제품 출시) • 포장 선진국은 대용량 중심 / 신흥국은 소용량 1회용(샴푸 파우치 등) 제공
생산 및 운영 전략	• 글로벌 R&D 센터에서 핵심 제품을 개발하고, 지역 생산 공장에서 지역에 적합한 제품을 구성한다.
글로벌 + 현지화 효과	• 브랜드 신뢰도를 유지하면서 문화적·경제적 적합성을 확보하였다. • 운영 효율성과 시장 적응력*을 동시 확보하였다.
시사점	글로벌 일관성과 현지 적응을 동시에 실현한 대표적 범세계적 전략 사례로, 다국적 소비재** 기업에 적합한 모델이다.

* 적응력 : 변화된 환경에서도 잘 지내는 능력

** 소비재 : 생활에서 매일 사용하는 물건

36 P&G (2021. 06. 16). Can washing your clothes on cold do a world of good?. https://us.pg.com/blogs/pg-sustainability-tide-ariel-cold-water-wash/?utm_source=chatgpt.com

D BCG Matrix (Boston Consulting Group Matrix)

Corporate-level strategy defines the overall direction of a company and determines which businesses to pursue and how to manage them. One of the most widely used tools for this is the BCG Matrix. The BCG Matrix evaluates a company's business portfolio based on market growth rate and relative market share, and supports strategic decisions such as investment, maintenance, or withdrawal.

1. Four types of business units in the BCG Matrix

Category	Description	Strategic Implication
Star	High market growth rate and high market share	Requires continuous investment due to strong growth potential
Question Mark	High market growth rate but low market share	Decide whether to invest further or withdraw
Cash Cow	Low market growth rate but high market share	Maximize profits and use the revenue to fund other business units
Dog	Low market growth rate and low market share	Difficult to grow; consider withdrawal or restructuring

D BCG 매트릭스(Boston Consulting Group Matrix)

기업 수준 전략은 전체 기업의 방향성을 정하고, 어떤 사업을 어떻게 할지 계획하는 전략이다. 이때 사용되는 대표적인 분석 도구가 바로 BCG 매트릭스이다. BCG 매트릭스는 각 사업부의 시장 성장률*과 상대적 시장 점유율**을 기준으로 기업의 사업 포트폴리오를 평가하고, 투자, 유지***, 철수**** 등의 전략적 의사결정을 돕는다.

* 시장 성장률 : 시장이 얼마나 빨리 커지고 있는가를 보여주는 것

** 시장 점유율 : 시장에서 한 기업이 얼마나 많이 팔고 있는가를 보여주는 것

*** 유지 : 지금 하고 있는 것을 그대로 계속하는 것

**** 철수 : 하던 일을 그만두고 빠지는 것

1. 4가지 사업 유형

분류	설명	전략적 시사점
Star	시장 성장률이 높고, 우리 기업 시장 점유율도 높은 사업	성장 가능성이 높기 때문에 지속적인 투자가 필요하다.
Question Mark	시장은 빠르게 성장하지만, 우리 기업 점유율은 낮은 사업	추가로 투자할 것인지 철수할 것인지를 결정한다.
Cash Cow	시장이 더 이상 커지지 않지만, 우리 기업 점유율이 높아 안정적인 수익을 창출하는 사업	이익을 극대화하고, 다른 사업에 재투자할 자금원으로 활용한다.
Dog	시장 성장률과 우리 기업 점유율이 모두 낮은 비효율적 사업	성장이 어렵기 때문에 철수를 하거나 구조조정을 한다.

	High	Low	
High	**Stars** Profit Contribution: Medium to High (currently reinvested) Strategy: Aggressive Investment	**Question Marks** Profit Contribution: Low or Negative (uncertain ROI) Strategy: Investment or Divestment Decision	Market Growth Rate
Low	**Cash Cows** Profit Contribution: High (primary profit source) Strategy: Maintain Status Quo	**Dogs** Profit Contribution: Low or None Strategy: Minimal Operation or Divestment	

Relative Market Share

BCG Matrix

The BCG Matrix is a tool that companies use to decide how to manage their different businesses. It analyzes each business based on two things: market growth rate and relative market share. This helps companies decide which businesses to invest more in and which ones to reduce or stop.

However, the BCG Matrix only uses two factors. It does not show how strong the competition is, how fast technology is changing, or how valuable the brand is. Also, it looks only at the current situation, so it is hard to predict how the market will change in the future.

	높음	낮음	
높음	**Stars** 수익 기여도: 현재도 수익 창출, 미래 성장 기대 전략: 적극적인 투자	**Question Marks** 수익 기여도: 아직 수익이 낮음. 미래 불확실 전략: 투자 또는 철수 결정	시장 성장률
낮음	**Cash Cows** 수익 기여도: 지속적인고 안정적인 수익 제공 전략: 현상유지	**Dogs** 수익 기여도: 수익이 거의 없음 또는 적자 전략: 최소 운영 또는 철수	

상대적 시장 점유율

BCG Matrix

BCG 매트릭스는 기업이 여러 사업을 어떻게 운영할지 정리할 때 사용하는 도구이다. 사업을 시장 성장률과 상대적 시장 점유율이라는 두 가지 기준으로 나누어 분석한다. 이 도구를 사용하면 어떤 사업에 더 투자하고, 어떤 사업을 줄여야 할지 판단할 수 있다.

하지만, 이 도구는 두 가지 기준만 사용하기 때문에 경쟁이 얼마나 치열한지, 기술이 얼마나 빠르게 변하는지, 브랜드의 가치가 얼마나 높은지는 알 수 없다. 또한 현재 상황만 보기 때문에 미래에 시장이 어떻게 바뀔지는 예측하기 어렵다.

E Summary and Key Terms

Corporate-level strategy is about deciding the overall direction of a company—what businesses to continue, start, or stop. Main strategies include mergers and acquisitions (buying or combining companies), outsourcing (giving work to outside firms), and global expansion (entering foreign markets).

Term	Explanation
Mergers and Acquisitions	A strategy where one company buys another or two companies become one.
Outsourcing	A strategy where a company gives some work to another company instead of doing it all itself.
Global Expansion Strategy	A strategy used to sell products or services in foreign markets.
Localization Strategy	A strategy that changes products or services to match the culture and needs of each country.
Global Strategy	A strategy that uses the same product and marketing in every country.
Transnational Strategy	A strategy that combines global and localization strategies.
Market Growth Rate	A number that shows how fast the market is growing.
Market Share	The percentage of total sales a company has in a market.

E 요약 및 주요 용어

기업 수준 전략은 기업 전체가 어떤 방향으로 나아갈지, 어떤 사업을 계속하고 새로 시작하거나 그만둘지를 정하는 전략이다. 대표적인 전략으로는 기업을 합치거나 사들이는 '인수합병 전략', 일을 외부에 맡기는 '아웃소싱 전략', 외국 시장에 진출하는 '해외 진출 전략'이 있다.

용어	설명
인수합병	한 기업이 다른 기업을 사들이거나 두 기업이 하나로 합쳐지는 전략
아웃소싱	기업이 모든 일을 직접 하지 않고, 다른 기업에 맡기는 전략
해외 진출 전략	제품이나 서비스를 외국 시장에 판매하기 위해 사용하는 전략
현지화 전략	각 나라의 문화와 소비자에 맞게 제품과 서비스를 조정하는 전략
글로벌 전략	같은 제품과 마케팅을 모든 나라에서 사용하는 전략
범세계적 전략	글로벌 전략과 현지화 전략을 함께 사용하는 전략
시장 성장률	시장의 크기가 얼마나 빠르게 늘어나는지를 나타내는 수치
시장 점유율	전체 시장에서 한 기업이 차지하고 있는 판매 비율

F Team Workshop

1. Topic: Global Companies' Global Expansion Strategies

<table>
<tr><td>Purpose</td><td colspan="2">By comparing and analyzing the global expansion strategies of multinational corporations across different countries, students will develop an understanding of the differences between localization and transnational strategies, and learn how cultural, institutional, and consumer behavior factors influence strategic decisions.</td></tr>
<tr><td rowspan="3">Activities Steps</td><td>Question</td><td>What global expansion strategies do multinational companies adopt in different countries?</td></tr>
<tr><td>Investigation and Analysis</td><td>Students will research and organize findings on the following:
• Research how the companies below have entered and operated in your home country.
• Analyze the key factors contributing to the success or failure of their strategies.
• Examine how cultural, institutional, and consumer behavior differences have influenced their strategic choices.
<table>
<tr><th>Company</th><th>Expected Strategy Type</th><th>Focus of Investigation</th></tr>
<tr><td>McDonald's</td><td>Localization Strategy</td><td>Menu variations, store operations, religious and cultural considerations in each country</td></tr>
<tr><td>Starbucks</td><td>Transnational Strategy</td><td>Maintaining brand image while adjusting products and interior design by region</td></tr>
<tr><td>CJ CheilJedang</td><td>Localization Strategy</td><td>Bibigo-focused strategy, product line customization based on local dietary cultures</td></tr>
<tr><td>Hyundai Motor</td><td>Transnational Strategy</td><td>Vehicle line-up by region, regional brand positioning</td></tr>
</table></td></tr>
<tr><td>Presentation</td><td>Each team presents their analysis</td></tr>
</table>

F 팀 워크숍

1. 주제: 글로벌 기업의 해외진출 전략

<table>
<tr><th>목적</th><td colspan="2">글로벌 기업의 해외진출 전략을 국가별로 비교 분석함으로써, 현지화 전략과 범세계적 전략의 차이를 이해하고, 문화·제도·소비자 요인이 전략에 미치는 영향을 학습한다.</td></tr>
<tr><th rowspan="3">활동 구성</th><td>질문</td><td>글로벌 기업의 해외진출 전략은?</td></tr>
<tr><td>조사 및 정리</td><td>글로벌 기업의 해외 진출 전략 조사
• 아래 기업이 여러분의 국가에 어떻게 진출했는지 조사
• 각 전략의 성공과 실패 요인을 분석
• 문화적, 제도적, 소비자 행동 차이가 전략에 미치는 영향 분석
<table>
<tr><th>기업 이름</th><th>전략 예상 유형</th><th>조사 포인트</th></tr>
<tr><td>맥도날드</td><td>현지화 전략</td><td>각국의 메뉴, 매장 운영 방식, 종교·문화를 고려했는지</td></tr>
<tr><td>스타벅스</td><td>범세계적 전략</td><td>브랜드 이미지 유지+현지화된 제품·인테리어 비교</td></tr>
<tr><td>CJ제일제당</td><td>현지화 전략</td><td>'비비고' 중심, 현지 식문화에 맞춘 제품 라인</td></tr>
<tr><td>현대자동차</td><td>범세계적 전략</td><td>지역별 차량 라인업, 브랜드 포지셔닝</td></tr>
</table></td></tr>
<tr><td>발표</td><td>각 팀이 분석한 결과를 발표한다.</td></tr>
</table>

2. Global Expansion Strategy Template Example - Samsung Galaxy in Latin America

Company Name	Samsung Electronics
Product Line	Galaxy smartphones (S Series, A Series, Z Series, etc.)
Target Region	Brazil, Mexico, Chile, Argentina, Peru, and other parts of Latin America
Strategy Type	Transnational Strategy
Localization Elements	• Advertising in Spanish and Portuguese • Use of local models in campaigns –Release of budget models (e.g., Galaxy A03, A10) • Distribution through local carriers, electronics retailers, and online platforms
Global Standardization Elements	• Uniform product design, branding, and operating system as in Korea and the U.S. • Shared global campaign: "Awesome is for everyone"
Key Success Factors	• Wide price range meets various consumer needs • Strong brand recognition and product trust • Broader lineup than Apple in terms of pricing
Challenges	• Price competition with Chinese brands like Xiaomi • Economic instability and currency fluctuation
Key Insight	A leading example of a transnational strategy combining global consistency with local responsiveness.

2. 해외 진출전략 템플릿 예시_삼성전자 갤럭시 남미 진출

기업 이름	삼성전자
제품군	Galaxy 스마트폰 (S 시리즈, A 시리즈, Z 시리즈 등)
진출 지역	브라질, 멕시코, 칠레, 아르헨티나, 페루 등 남미 전역
전략 유형	범세계적 전략
현지화 전략 요소	• 스페인어·포르투갈어로 광고를 하고, 지역 모델을 활용한다. • 저가형 모델을 출시한다. (Galaxy A03, A10 등) • 유통 채널: 현지 이통사·전자상가·온라인 플랫폼과 연결한다.
글로벌 전략 요소	• 디자인·브랜드·OS는 한국·미국과 동일한 제품군을 유지하고, 글로벌 캠페인("Awesome is for everyone")을 공유한다.
성공 요인	• 높은 가격의 제품과 낮은 가격 제품 동시 공급하면서, 브랜드 인지도 및 품질 신뢰도를 확보하였다. • 애플보다 다양한 가격대 제품군을 운영하고 있다.
도전 과제	• 샤오미 등 중국 브랜드와 가격 경쟁을 하고 있다. • 경제 불안정, 환율 변동성이 높다.
시사점	글로벌 일관성과 현지 적응을 함께한 범세계적 전략의 대표 사례이다.

VIII

경영전략 실행 및 평가

Business Strategy Implementation and Evaluation

A Business Strategy Implementation

Strategy formulation is the process in which a company sets goals and plans how to achieve them. For example, deciding to “enter overseas markets by 2026” is part of strategy formulation. Strategy implementation, on the other hand, is the stage where the formulated plan is put into action. This includes establishing overseas branches, hiring personnel, and launching marketing campaigns.

In short, strategy formulation answers the question “What will we do?”, while strategy implementation means “Let’s actually do it now.”

A 경영전략 실행

전략 수립은 기업이 어떤 목표를 세우고, 그 목표를 어떻게 달성할지를 계획하는 단계이다. 예를 들어, "2026년 해외 시장 진출"이라고 결정하는 것이 전략 수립이다. 전략 실행은 전략 수립에서 만든 계획을 실제로 행동으로 옮기는 단계이다. 예를 들어, 해외 지사를 설립하거나, 사람을 채용하고, 마케팅을 시작하는 것이 전략실행이다.

전략 수립은 "무엇을 할 것인가?"이고, 전략 실행은 "이제 실제로 해보자"이다.

B Key Success Factors for Strategy Implementation

The following factors are critical for successful strategy implementation:

① **Organizational Structure**

A structure that aligns with the strategy must be in place. For example, implementing a global strategy may require setting up overseas offices.

② **Leadership**

Leaders should provide direction and motivate members to put the strategy into practice.

③ **Organizational Culture**

It is important to build an organizational culture that supports strategy implementation. For instance, a culture that values collaboration and innovation can greatly enhance execution.

④ **Resource Allocation**

Resources such as human capital, budget, and time must be appropriately allocated in alignment with the strategy.

⑤ **Performance Management**

It is essential to evaluate whether the strategy is being effectively implemented and make necessary adjustments when needed.

1. Organizational Structure

Organizational structure is a crucial element that companies must establish to effectively implement their strategies. The structure must align well with the strategy in order to ensure successful execution. Two common types of organizational structures are the functional structure and the divisional structure.

B 경영전략 실행의 성공 요인

전략을 성공적으로 실행하기 위해서는 다음과 같은 요인들이 중요하다.

① **조직구조**

전략에 맞는 조직구조를 갖추어야 한다. 예를 들어, 글로벌 전략을 실행하려면 해외 지사를 설치하는 것이 필요하다.

② **리더십**

리더는 전략의 방향을 제시하고, 구성원들이 전략을 실천하도록 이끌어야 한다.

③ **조직문화**

전략 실행을 도와주는 조직문화를 갖추는 것이 중요하다. 예를 들어, 협력과 혁신을 중시하는 문화는 전략실행에 도움이 된다.

④ **자원배분**

인력, 자금, 시간과 같은 자원을 전략에 맞게 잘 배분해야 한다.

⑤ **성과 관리**

전략이 잘 실행되고 있는지 평가하고, 필요할 때는 방향을 수정해야 한다.

1. 조직구조

조직구조는 기업이 전략을 잘 실행하기 위해 갖추어야 하는 중요한 요소이다. 전략과 조직구조가 잘 맞아야 전략이 효과적으로 실행될 수 있다. 기업의 조직구조에는 대표적으로 기능별 구조와 사업부별 구조가 있다.

① Functional Structure

This structure organizes departments by function (e.g., marketing, production, human resources). It is suitable for small companies or those that sell a single product.

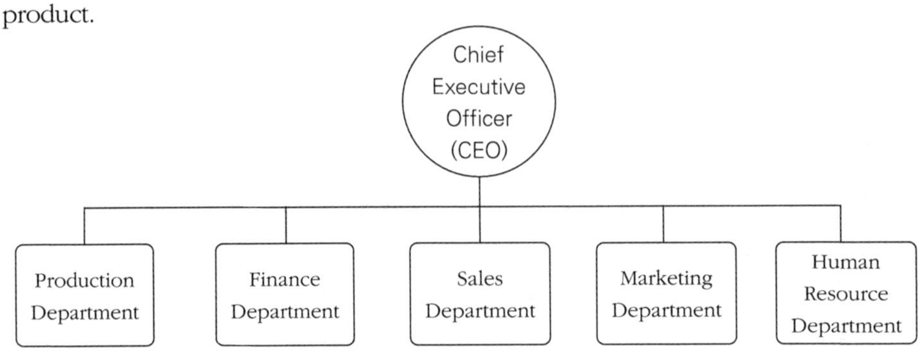

② Divisional Structure

This structure organizes departments by product line or geographic region. It is well-suited for large corporations operating in multiple markets or offering various products. It is related to Oliver E. Williamson's concept of the "M-form".

In a divisional structure, the headquarters handles overall strategy and resource allocation, while each division operates independently and is accountable for its own performance.

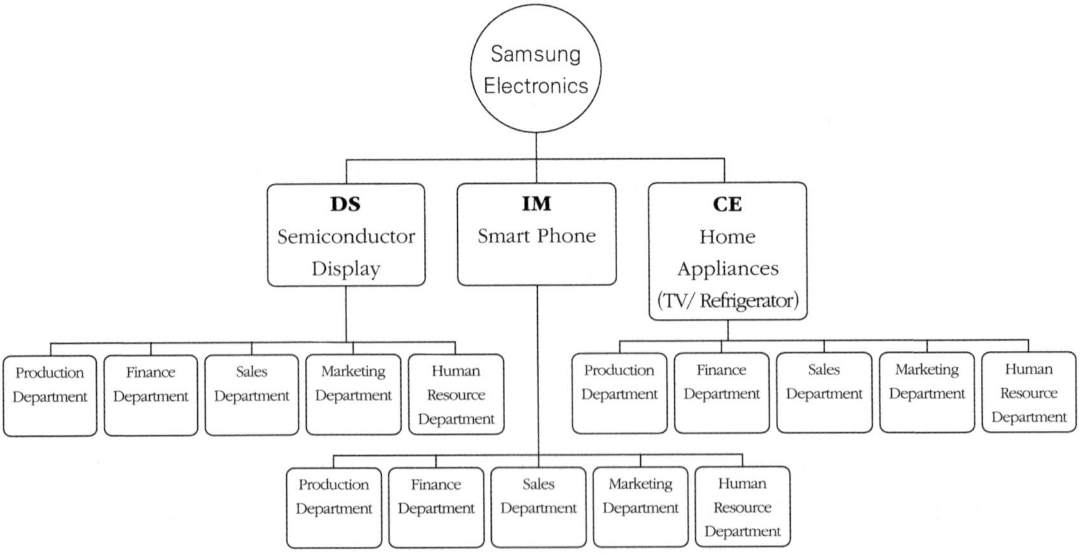

Samsung Business Division Structure

① 기능별 구조

부서가 기능(예: 마케팅, 생산, 인사) 중심으로 나뉘는 구조이다. 규모가 작거나 하나의 제품을 판매하는 기업에 적합하다.

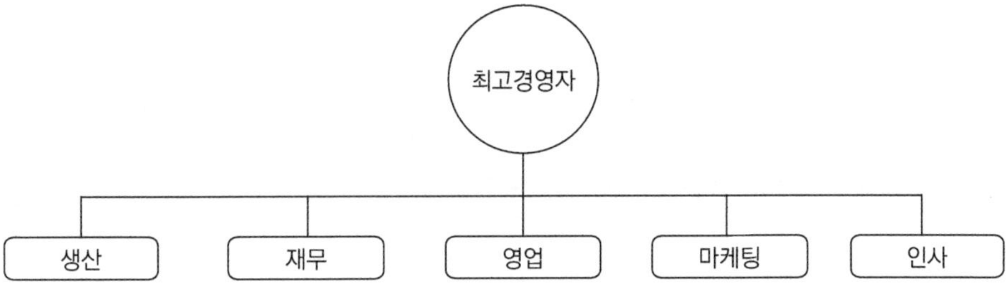

② 사업부별 구조

부서가 제품, 지역 등으로 나뉘는 구조이다. 다양한 제품이나 여러 시장에 진출한 대기업에 적합하다. 올리버 윌리엄슨(Oliver E. Williamson)의 'M-form'과 관련 있다.[37]

사업부별 구조는 본사가 전체 전략과 자원 배분을 담당하고, 각 사업부는 독립적으로 운영되며 자신의 성과에 책임을 진다.

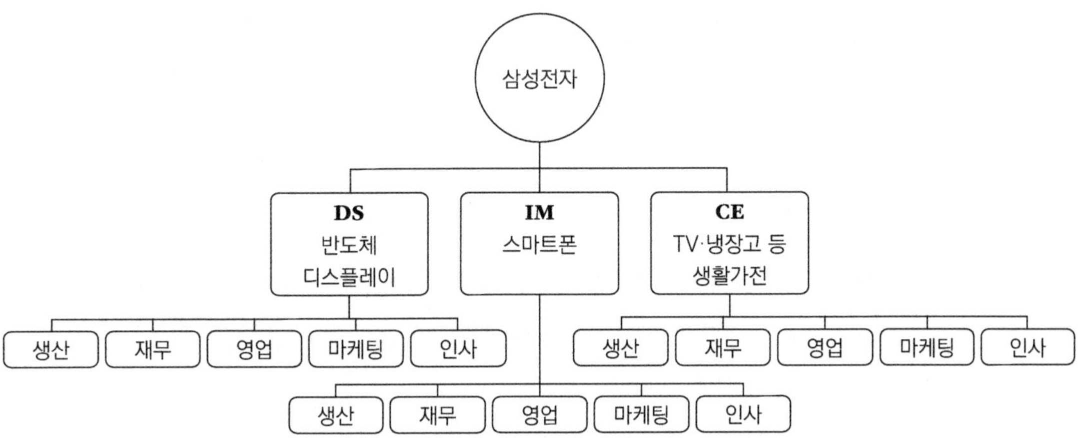

삼성전자의 사업부별 구조[38]

---

37 Williamson, O. E. (1975). Markets and hierarchies: Analysis and antitrust implications. Free Press.

38 이코노미스트 (2020. 02. 12). 메모리 반도체 대안 찾고 중저가 스마트폰 원가절감 주력. https://economist.co.kr/article/view/ecn202002020005

2. Leadership

Leadership is the ability to guide members and manage resources so that the organization can successfully carry out its strategy and achieve its goals. The leader's ability plays a key role in whether the strategy is implemented successfully.

a) Key Roles of Leadership in Strategy Execution

① Providing Direction

A leader must clearly explain the goals of the strategy to everyone in the organization. The first role of a leader is to guide all members to move in the same direction.

② Motivating People

A leader should encourage members to take part in the strategy by giving praise, offering rewards, and building trust.

③ Effective Communication

Leaders must share information about the strategy clearly across the organization. They should also listen carefully to what members say.

④ Managing Change

When a company carries out a new strategy, changes happen in the organization. At this time, the leader should help people feel comfortable with the change and guide them in a positive direction.

2. 리더십

리더십은 조직이 세운 전략을 효과적으로 실행할 수 있도록 구성원을 이끌고, 자원을 조정하며, 목표를 달성하도록 만드는 능력이다. 리더의 역량은 전략 실행의 성공에 주요한 영향을 미친다.

a) 전략 실행에서 리더십의 특징

① 방향 제시[39]

리더는 전략의 목표가 무엇인지 구성원들에게 명확히 설명해야 한다. 조직 전체가 같은 방향으로 움직이도록 안내하는 것이 리더의 첫 번째 역할이다.

② 동기 부여[40]

리더는 구성원들이 전략 실행에 적극적으로 참여하도록 칭찬하고, 보상하고, 신뢰를 쌓아야 한다.

③ 커뮤니케이션[41]

리더는 전략에 대한 정보를 조직 전체에 잘 전달해야 하며, 구성원들의 의견도 잘 들어야 한다.

④ 변화 관리[42]

기업이 새로운 전략을 실행할 때, 조직은 바뀌게 된다. 이때 리더는 사람들이 불편해하지 않도록 도와주고, 좋은 방향으로 바뀌도록 이끌어야 한다.

---

39 Hrebiniak, L. G. (2005). Making strategy work: Leading effective execution and change. Wharton School Publishing.

40 Chan, S. C. H., & Mak, W. M. (2022). A meta-analysis of leadership and followers' intrinsic motivation. Frontiers in Psychology, 13, Article 941161. https://doi.org/10.3389/fpsyg.2022.941161

41 Hrebiniak, L. G. (2005). Making strategy work: Leading effective execution and change. Wharton School Publishing.

42 Kotter, J. P. (1996). Leading change. Harvard Business School Press.

For example, when a company wants to start a strategy to develop eco-friendly products, the leader must play the following roles:

- Share the vision: "Let's create products that care for the environment."
- Help different teams—like R&D, production, and marketing—work together.
- Explain why this strategy is important and motivate the team.
- Listen to feedback and problems during the process and help solve them.

3. Organizational Culture

Organizational culture means the shared values, rules, and ways of behaving that people in an organization follow together. It is the way of thinking and acting that people in the organization see as 'normal' or 'natural' at work. For example, some organizations have a culture where people freely share their opinions, while others have a culture where following the boss's instructions is seen as most important.

a) The Relationship Between Organizational Culture and Strategy Execution

Organizational culture is a key factor that affects how well a strategy is carried out in the real workplace. Even if a company creates a good strategy, it can fail if the culture does not support it.

For example:

If new ideas are important, but the culture makes people afraid of failure, employees will avoid trying new things.

That's why strategy and culture must fit well together.

b) How to Build an Organizational Culture that Supports Strategy Execution

① Leaders must set an example

Leaders should personally practice the values they want in the organization.

예를 들어, 어떤 기업이 친환경 제품 개발 전략을 실행하고자 할 때, 리더는 다음과 같은 역할을 수행해야 한다.

- "우리는 환경을 생각하는 제품을 만들자"라는 비전을 조직에 전달한다.
- 연구개발팀, 생산팀, 마케팅팀이 협력하도록 조정한다.
- 구성원들에게 왜 이 전략이 중요한지를 설명하고 동기 부여한다.
- 실행 과정에서 나오는 의견과 문제를 듣고 해결한다.

3. 조직문화

조직문화는 조직 안에서 사람들이 공통으로 믿고 따르는 가치, 규범*, 행동 방식을 의미한다. "조직에서 일할 때 사람들이 당연하게 여기는 생각과 행동 방식"이 바로 조직문화이다. 예를 들어, 어떤 조직은 자유롭게 의견을 말하는 문화를 가지고 있고, 어떤 조직은 상사의 지시를 우선시*하는 문화가 있을 수 있다.

* 규범 : 사람들이 지켜야 한다고 믿는 약속

** 우선시 : 가장 먼저 생각하거나 더 중요하게 생각하는 것

a) 조직문화와 전략 실행의 관계

조직문화는 전략이 실제로 현장에서 어떻게 실행되는지를 결정하는 중요한 요소이다. 좋은 전략을 세워도, 조직문화가 이를 뒷받침*하지 못하면 전략 실행에 실패할 수 있다. 예를 들면, 새로운 아이디어가 중요한 상황인데, 실패를 두려워하는 문화가 있다면 직원들은 새로운 시도를 하지 않으려 할 것이다. 그래서 전략과 조직문화는 서로 잘 맞아야 한다.

* 뒷받침 : 어떤 일이 잘되도록 뒤에서 도와주는 것

b) 전략 실행을 위한 조직문화 형성 방법

① 리더가 먼저 모범을 보이는 것

리더가 바람직한 조직문화를 직접 실천해야 구성원들도 따르게 된다.

When leaders lead by example, team members are more likely to follow.

② Share core values with everyone

All members should understand and agree on the organization's key values. This requires regular communication and training.

③ Link rewards and evaluations to the culture

When employees act in ways that match the desired culture, they should receive rewards and positive evaluations. This helps the culture become stronger throughout the organization.

c) Case Study: Organizational Culture _ SUNG SIM DANG

SUNG SIM DANG is a very famous bakery located in Daejeon, South Korea. It first opened in 1956 and has now become a well-known bakery that thousands of people visit each day. SUNG SIM DANG is not only known for making delicious bread but also for its warm culture—treating employees like family and valuing customers with care.

• Organizational Culture of SUNG SIM DANG

① Leader's Role Model Behavior	CEO of SUNG SIM DANG leads by example through his humility and genuine respect for employees, embodying and promoting SUNG SIM DANG's culture of "management with love."
② Sharing Core Values	SUNG SIM DANG continually emphasizes the values of "honesty, sincerity, and love" through staff training and everyday communication.
③ Connecting Rewards and Evaluations	SUNG SIM DANG recognizes employees who demonstrate exceptional customer service through a "praise relay" or awards, and includes these efforts in employee evaluations.
④ Promoting Cooperation and Communication	Regular team meetings, discussion sessions, and a company newsletter called "One Family Newspaper" help employees share opinions and support each other.
⑤ Encouraging a Sense of Ownership	Sales and profits are shared openly, helping employees feel like the bakery is "our store" and encouraging them to act like owners.

② 핵심 가치를 함께 공유하는 것

모든 구성원이 같은 가치를 이해하고 공감할 수 있도록 교육하고 자주 소통해야 한다.

③ 보상과 평가를 문화에 맞게 연결하는 것

좋은 조직문화에 맞는 행동을 한 직원에게는 보상을 주고, 평가에도 반영해야 조직문화가 자리 잡을 수 있다.

c) 조직문화 사례_성심당

성심당은 한국 대전광역시에 있는 아주 유명한 빵집이다. 1956년에 문을 열었고, 지금은 하루에 수천 명이 찾는 전통 있는 제과점이다. 성심당은 빵을 맛있게 만드는 것뿐 아니라, 직원을 가족처럼 대하고, 고객을 소중하게 생각하는 문화로도 유명하다.

• 성심당의 조직문화

① 리더의 모범 행동	성심당 대표는 직원에 대한 존중과 사랑을 실천하며, 겸손한 태도로 조직 구성원들에게 모범을 보인다. 이를 통해 성심당의 '정직, 정성, 사랑'이라는 문화를 이끌고 있다.
② 핵심 가치 공유	성심당은 "정직, 정성, 사랑"이라는 가치를 직원 교육과 일상 언어를 통해 지속적으로 강조한다.
③ 보상과 평가 연결	성심당은 고객 만족을 실천한 직원들을 '칭찬 릴레이' 또는 상을 주어 칭찬하고, 이 노력을 직원 평가에 포함한다.
④ 협력과 소통* 강화	정기적인 부서 간 회의, 간담회**, '한가족신문' 등을 통해 직원 의견을 듣고 서로 도와주는 문화를 만든다.
⑤ 주인의식* 강조**	매출과 이익을 투명하게 공유하며 직원들이 '우리 가게'라는 마음으로 주인의식을 가질 수 있도록 한다.

출처 : 성심당 홈페이지, 한경 (2024. 09. 05), 한국일보 (2025. 04. 24)[43]

43 성심당 https://www.sungsimdang.co.kr/
한경 (2024. 09. 05). "성심당, 4층 건물 올리는 중" 소문 확인해 보니…'반전'. https://www.hankyung.com/article/2024090596607?utm_source=chatgpt.com

4. Resource Allocation

Resources include people, money, time, and technology needed to carry out a strategy. Resource allocation means dividing and using these resources in the right way to match the strategy. Without proper resource allocation, it is hard to put a strategy into action. A strategy is the plan, and resources are the power to make that plan happen.

For example, if a company makes a strategy to create a new product, it should give more money and staff to the R&D team to make that product. If the goal is to improve customer service, the customer service center should get more staff and budget. If the goal is to increase online sales, the IT or marketing team should receive more resources.

5. Performance Management

Performance management is the process of checking whether a strategy is working well and making changes if needed. Even if a strategy is good, you won't know if it was successful unless you evaluate the results. Good performance management helps find problems early and improve the strategy more effectively.

* 소통 : 사람들끼리 말이나 글로 생각과 느낌을 주고받는 것
** 간담회 : 서로 이야기하는 모임
*** 주인의식 : 자기가 주인인 것처럼 생각하고 행동하는 것

4. 자원배분

자원은 전략을 실행할 때 필요한 사람, 돈, 시간, 기술 등을 말한다. 자원배분은 이 자원들을 전략에 맞게 잘 나누는 것이다. 자원을 잘 나누지 않으면 전략을 실행하기 어렵다. 전략은 계획이고, 자원은 그 계획을 실천하는 힘이다.

예를 들어, 기업이 새로운 제품을 만들 전략을 세웠다면, 그 제품을 만들기 위해 연구개발팀에 돈과 사람을 더 많이 주어야 한다. 고객 서비스를 더 좋게 만들고 싶다면, 고객센터에 사람과 예산을 더 주어야 한다. 온라인 판매를 늘리고 싶다면, IT 팀이나 마케팅팀에 자원을 더 많이 주어야 한다.

5. 성과 관리

성과 관리는 전략이 잘 실행되고 있는지 확인하고, 필요할 때 수정하는 과정이다. 아무리 좋은 전략이라도 실행한 뒤 성과를 평가하지 않으면, 성공했는지 실패했는지 알 수 없다. 성과 관리를 잘하면, 문제를 빨리 찾고, 전략을 더 효과적으로 바꿀 수 있다.

한국일보 (2025. 04. 24). [정성 한 조각, 69년째 철학을 굽는 성심당의 시간]-성심당 임영진 대표와 3세 경영자 임대혁 이사 인터뷰. https://buly.kr/EooAsYp

a) How to Manage Performance Effectively

① Turn goals into numbers

Strategy goals should be expressed in clear numbers.

Example: "Let's increase sales" → "Let's increase sales by 10% this month."

② Set KPIs (Key Performance Indicators)

KPIs are important indicators used to measure success.

Examples of KPIs include: number of customers, total sales, and customer satisfaction score.

③ Check results regularly

Review performance regularly (e.g., weekly or monthly), and fix areas that are not working well.

④ Give rewards or change direction based on results

If the performance is good, give rewards. If there are problems, change or adjust the strategy.

a) 성과를 잘 관리하는 방법[44]

① 목표를 숫자로 만든다.

전략 목표를 눈에 보이는 숫자로 바꾸어야 한다.
예: "매출을 늘리자" → "이번 달 매출을 10% 늘리자"

② 성과지표(KPI)를 정한다.

KPI(Key Performance Indicator)는 성과를 측정하기 위한 중요한 기준이다.
예: 고객 수, 매출, 고객 만족도 등이 KPI가 될 수 있다.

③ 결과를 자주 확인한다.

정해진 기간마다 성과를 점검하고, 잘 안되는 부분은 개선*한다.

* 개선 : 문제나 부족한 점을 고쳐서 더 좋게 만드는 것

④ 성과에 따라 보상하거나 방향을 수정한다.

성과가 좋으면 보상하고, 문제가 있다면 전략을 바꾼다.

---

44 Kaplan, R. S., & Norton, D. P. (1992). The Balanced Scorecard—Measures that Drive Performance. Harvard Business Review, January-February, 71-79.
Kaplan, R. S., & Norton, D. P. (1996). The Balanced Scorecard: Translating Strategy into Action. Harvard Business School Press.
Barr, S. (2015). Practical Performance Measurement: Using the PuMP Blueprint for Fast, Easy, and Engaging KPIs. PuMP Press.

C Evaluating and Controlling Business Strategy

Strategy evaluation is the process of checking whether a strategy is working well. After a company puts a strategy into action, it must check whether the goals were reached and what results were achieved. For example, if the strategy was "increase overseas customers," the company should check how many new customers were gained. Evaluation means checking success or failure using numbers and results.

Strategy control means regularly checking whether the strategy is going as planned, and fixing problems when they appear. For example, if sales are lower than expected, the company must find out why—then increase marketing or adjust the strategy. Control helps keep the company on the right path and stop it from going in the wrong direction.

In short, evaluation is about judging the results, while control is about adjusting the process. Both are important for successful strategy execution.

1. Key Performance Indicators (KPIs)

KPI stands for Key Performance Indicator. It is a tool used to measure whether a strategy is working well, using numbers or clear standards. Simply saying "we're doing well" or "we're not doing well" is not enough. So, companies set KPIs in advance to clearly check the results of a strategy using data and numbers.

- **Example of KPIs**

Strategy Goal	Example of KPIs
Increase sales	Monthly sales, number of items sold

C 경영전략의 평가와 통제

경영전략 평가는 세운 전략이 잘 실행되고 있는지 확인하는 과정이다. 기업이 전략을 실천한 뒤, 목표를 달성했는지, 성과가 있었는지 살펴보아야 한다. 예를 들어, "해외 고객을 늘리자"라는 전략을 세웠다면, 몇 명의 고객이 늘었는지 평가해야 한다. 전략이 성공했는지 실패했는지를 숫자와 결과로 확인하는 것이 평가이다.

전략 통제는 전략이 계획대로 실행되고 있는지 계속 확인하고, 문제가 생기면 바로잡는 활동이다. 예를 들어, 목표보다 매출이 낮다면 그 이유를 찾고, 마케팅을 더 하거나 전략을 바꾸는 것이 통제이다. 통제는 방향을 유지하거나, 잘못된 길로 가는 것을 멈추게 하는 역할을 한다.

평가는 '결과'에 대한 판단이고, 통제는 '과정'에 대한 조정이다. 두 과정 모두 성공적인 전략 실행을 위해 필요한 경영 활동이다.

1. 성과지표 (KPIs)

KPI는 영어로 Key Performance Indicator라고 하며, 핵심 성과지표라고 부른다. KPI는 전략이 잘 되고 있는지를 숫자나 기준으로 측정하는 도구이다. 전략을 실행했을 때, "잘하고 있다" 또는 "못하고 있다"라는 말만으로는 정확하지 않다. 그래서 기업은 전략의 결과를 숫자나 데이터로 정확하게 확인할 수 있도록 KPI를 미리 정해서 평가 기준으로 사용한다.

• **KPIs 예**

전략 목표	KPIs 예시
매출을 늘린다.	월 매출액, 판매 수량

Strategy Goal	Example of KPIs
Attract more customers	Number of new customers, number of visits
Improve customer satisfaction	Customer survey score, repurchase rate
Strengthen employee training	Training participation rate, training hours completed

• **KPIs Example – Gimbap Shop**

Strategy Goal	KPI	KPI Target Value
Sell more gimbap	Number of gimbap sold per day	Sell more than 100 gimbap per day
Get more repeat customers	Repeat visit rate	Keep the rate of customers visiting once a week at 30% or more
Increase customer satisfaction	Customer satisfaction survey score	Score 90 or higher in customer surveys
Help staff make gimbap quickly and accurately	Cooking time, number of mistakes	Average cooking time under 5 minutes, less than 1 mistake

• **Important Points When Setting KPIs**

① Must be connected to the strategy goal

The KPI should be directly related to the strategy. It must match what the company is trying to achieve.

② Must be measurable

The KPI should be something that can be checked with numbers or data.

③ Must be clear and specific

The KPI should be easy to understand so that anyone can look at it and know what it means.

전략 목표	KPIs 예시
고객을 늘린다.	신규 고객 수, 고객 방문 수
고객 만족을 높인다.	고객 만족도 설문 결과, 재구매율*
직원 교육을 강화한다.	교육 참여율, 교육 이수** 시간

* 재구매율 : 고객이 같은 제품을 다시 사는 비율

** 이수 : 정해진 수업을 끝까지 듣는 것

• KPI_김밥가게 예시

전략 목표	KPI (성과지표)	KPI 목표 값
김밥을 많이 팔자	하루 김밥 판매 수	하루에 100줄 이상 판매
고객이 자주 오게 하자	재방문 고객 비율	일주일에 한 번 이상 오는 고객 비율을 30% 이상 유지
고객을 만족하게 하자	고객 만족도 설문 결과	고객 설문 결과에서 90점 이상
직원이 빠르고 정확하게 김밥을 만들 수 있게 하자	조리 시간 측정, 실수 횟수	평균 조리 시간 5분 이내, 실수 1건 이하

위 예시는 김밥가게가 전략 목표를 달성하기 위해 어떤 성과지표(KPI)를 사용할 수 있는지를 보여준다. 각 KPI는 목표를 숫자로 표현하여, 김밥을 얼마나 팔았는지, 고객이 얼마나 자주 오는지, 고객 만족도가 어떤지, 직원이 얼마나 잘 일하는지를 구체적으로 확인할 수 있도록 도와준다. 이러한 지표를 통해 김밥가게는 전략 실행의 성과를 쉽게 측정하고, 필요한 부분을 개선*할 수 있다.

* 개선 : 나쁜 것을 더 좋게 바꾸는 것

• KPI를 정할 때 주의할 점

① 전략 목표와 잘 연결되어야 한다. KPI는 전략과 직접 관련이 있어야 한다.

② 측정할 수 있어야 한다. 숫자나 데이터로 확인할 수 있어야 한다.

③ 구체적이고 명확해야 한다. 누구나 보고 이해할 수 있도록 해야 한다.

2. Balanced Scorecard

The Balanced Scorecard is a way to evaluate whether a company's strategy is working well by looking at it from multiple perspectives. In the past, companies mostly focused on how much money they made (financial performance).

But now, they also check if customers are satisfied, if internal work is running smoothly, and if the company is preparing well for the future.

By using this method, companies can check if they are making money, keeping customers happy, working efficiently, and preparing for long-term success—all in a balanced way.

• Four Perspectives of the Balanced Scorecard

Perspective	Explanation
① Financial	• Checks if the company is earning money well. • Looks at profits and spending.
② Customer	• Checks if customers are satisfied and if the number of customers is increasing. • Also looks at whether customers return or recommend the company.
③ Internal Process	• Checks if the company's internal work is going smoothly. • Looks at whether products or services are made quickly and correctly.
④ Learning and Growth	• Checks if the company is preparing for the future and if employees are learning and growing. • Also looks at whether good systems and training are in place.

• Balanced Scorecard Example-Gimbap Shop

Perspective	What to Check (Examples)
Financial	• Are gimbap sales increasing? • Is profit going up? • Are costs like ingredients and labor well managed?

2. 균형성과표

균형성과표는 기업 전략이 잘되고 있는지 여러 관점에서 함께 평가하는 방법이다. 예전에는 기업이 돈을 얼마나 벌었는지(재무 성과)만 중요하게 생각했지만, 이제는 고객이 만족하는지, 기업 안의 일이 잘되는지, 미래를 위한 준비는 잘되고 있는지도 함께 본다. 이 방법을 사용하면, 기업이 돈도 벌고, 고객도 만족시키고, 일도 잘하고, 미래도 준비하는지를 균형 있게 확인할 수 있다.

• 균형성과표의 4가지 관점

관점	설명
① 재무	• 기업이 돈을 잘 벌고 있는지를 본다. • 이익이 늘고 있는지, 돈을 잘 쓰고 있는지를 확인한다.
② 고객	• 고객이 제품이나 서비스에 만족하는지, 그리고 고객 수가 늘고 있는지를 본다. • 고객이 다시 구매하거나 다른 사람에게 추천하는지도 중요하다.
③ 내부 프로세스	• 기업 안에서 일이 잘 이루어지고 있는지를 본다. • 제품이나 서비스가 빠르고 정확하게 만들어지고 있는지를 확인한다.
④ 학습과 성장	• 기업이 미래를 준비하고 있는지, 직원들이 계속 배우고 성장하고 있는지를 본다. • 좋은 시스템을 만들고, 직원 교육을 잘하고 있는지도 중요하다.

• 균형성과표 예시_김밥가게

관점	확인해야 하는 사항 (예시)
재무 관점	• 김밥이 잘 팔리고 있는가? • 수익이 늘고 있는가? • 재료비, 인건비 등 비용은 잘 관리되고 있는가?

Perspective	What to Check (Examples)
Customer	• Are customers satisfied with the taste of the gimbap? • Do many customers come back again? • Do customers recommend the shop to others?
Internal Process	• Is the gimbap made quickly and correctly? • Are cleanliness and hygiene well managed? • Are food prep and cooking steps efficient?
Learning & Growth	• Are staff receiving training in cooking and service? • Is the shop developing new menu items or ideas? • Are employees more satisfied, and is the owner improving in management?

To succeed, a gimbap shop must manage all four perspectives of the Balanced Scorecard: financial, customer, internal process, and learning & growth. These four areas are connected, so if even one is weak, the whole business can have problems.

First, the financial perspective checks if the gimbap shop is selling well and making profit. Even if many gimbap rolls are sold, the shop won't earn much if ingredient or labor costs are too high. That's why the shop must carefully manage income and expenses to make a profit.

Second, the customer perspective looks at whether customers are satisfied and want to come back. If the gimbap tastes good and the staff are kind, customers will return and recommend the shop to others. But if the gimbap tastes bad or the staff are rude, customers will not return.

Third, the internal process perspective checks whether gimbap is made quickly and correctly. If the order takes too long or ingredients are missing, customers will be dissatisfied. Making gimbap quickly and without mistakes is directly connected to customer satisfaction.

Fourth, the learning and growth perspective looks at how the gimbap shop is preparing for future success. If employees learn how to make new types of gimbap, and the owner creates new menu items, the shop can continue to grow. But if no one learns anything new, other shops may get ahead, and the number of customers

관점	확인해야 하는 사항 (예시)
고객 관점	• 손님이 김밥 맛에 만족하는가? • 다시 오는 손님(재방문)이 많은가? • 손님이 가게를 다른 사람에게 소개하는가?
내부 프로세스 관점	• 김밥이 빠르고 정확하게 만들어지고 있는가? • 위생과 청결은 잘 관리되고 있는가? • 재료 준비와 조리 과정이 효율적인가?
학습과 성장 관점	• 직원들이 요리나 서비스 교육을 받고 있는가? • 새로운 김밥 메뉴나 아이디어를 개발하고 있는가? • 직원 만족도가 높아지고 사장님의 경영 능력은 성장하고 있는가?

김밥가게가 성공하려면 재무, 고객, 내부 프로세스, 학습과 성장이라는 네 가지 관점을 모두 잘 관리해야 한다. 이 네 가지는 서로 연결되어 있어, 한 가지라도 부족하면 가게 전체에 문제가 생길 수 있다.

첫째, 재무 관점은 김밥이 잘 팔리고 돈을 잘 벌고 있는지를 보는 것이다. 김밥이 많이 팔려도 재료비나 인건비가 너무 많이 들면 이익이 남지 않는다. 그래서 김밥가게는 수입과 지출을 잘 계산해서 이익을 남길 수 있어야 한다.

둘째, 고객 관점은 고객이 만족하고 다시 오고 싶은지를 보는 것이다. 김밥이 맛있고 직원이 친절하면 고객은 다시 오고, 다른 고객에게도 소개해 준다. 하지만 김밥이 맛없거나 직원이 불친절하면 고객은 다시 오지 않는다.

셋째, 내부 프로세스 관점은 김밥을 빠르고 정확하게 만드는지를 보는 것이다. 주문한 김밥이 너무 늦게 나오거나, 안에 들어갈 재료가 빠지면 고객은 불만을 느낀다. 김밥을 빠르게, 실수 없이 만드는 일은 고객 만족과 연결된다.

넷째, 학습과 성장 관점은 김밥가게가 앞으로도 잘되기 위해 무엇을 준비하는지를 보는 것이다. 직원이 새로운 김밥을 만드는 법을 배우고, 사장은 새로운 메뉴를 개발하면 가게는 더 성장할 수 있다. 아무것도 배우지 않으면 다른 가게에 뒤처지고 고객도 줄어들 수 있다.

could go down.

To succeed for a long time, the gimbap shop must make money, keep customers happy, work efficiently, and prepare for the future. When all four areas are managed well together, the gimbap shop can become a successful business that many customers love.

3. Feedback System

After a company puts a strategy into action, it must check the results or performance. After checking the results, giving and receiving feedback is very important. Feedback is the process of talking and learning about what went well and what needs improvement.

For example, let's say the gimbap shop launched a new menu item.

If it sold well, the shop should find out why it was successful and continue selling it. But if it didn't sell well, the shop needs to find out the reason. Was it because the taste wasn't good? Was the price too high? Was there not enough promotion?

After that, the shop should adjust the strategy if needed. It can change the menu, adjust the price, or use a different way to promote the item. In this way, strategy execution is not a one-time action. The business should check results → get feedback → and update the strategy to keep improving.

김밥가게가 오래 잘되려면 돈도 벌고, 고객도 만족시키고, 일도 잘하고, 미래도 준비해야 한다. 이 네 가지를 함께 잘할 때, 김밥가게는 많은 고객에게 사랑받는 성공한 가게가 될 수 있다.

3. 피드백 체계

기업이 어떤 전략을 실행했다면, 그다음에는 성과(결과)를 꼭 확인해야 한다. 성과를 확인한 후에는 피드백(Feedback)을 주고받는 것이 중요하다. 피드백이란, "무엇이 잘 되었는지", "무엇이 부족했는지"에 대해 이야기하고 배우는 과정이다.

예를 들어 김밥가게에서 새 메뉴를 팔았다고 하자.

그 메뉴가 잘 팔렸다면, 왜 잘 팔렸는지 알아보고 계속 유지해야 한다. 하지만 잘 안 팔렸다면, 그 이유를 찾아야 한다. 예를 들어 "맛이 없었는가?", "가격이 비쌌는가?", "홍보가 부족했는가?"를 분석해야 한다.

그런 다음, 필요하면 전략을 바꾸어야 한다. 메뉴를 바꾸거나, 가격을 조정하거나, 홍보 방법을 바꿀 수 있다. 이처럼 전략 실행은 한 번 하고 끝나는 것이 아니라, '성과를 보고 → 피드백을 받고 → 다시 전략을 수정'하면서 계속 발전해야 한다.

D Summary and Key Terms

Strategy implementation is the process of putting a company's strategy into real action. To carry out a strategy successfully, important factors include: organizational structure, leadership, organizational culture, resource allocation, and performance management. For example, to carry out a global strategy, a company may need to set up overseas branches and have leaders clearly guide members toward shared goals. After execution, the company must evaluate the results, give feedback on what worked well and what didn't, and revise the strategy as needed. Through this process, the company can continue improving its strategy over time.

Term	Explanation
Strategy Execution	Putting a planned strategy into real action
Organizational Structure	The way teams and departments are divided and work together in a company
Leadership	The ability to guide members toward company goals
Organizational Culture	Common ways of thinking and behaving that people in the company follow naturally
Resource Allocation	Distributing people, money, time, etc., to where they are needed
Performance Management	Checking if a strategy is working well and making changes when needed
KPI	A number or standard used to measure if an important goal is being achieved
Feedback	The process of sharing what went well and what needs to be improved
Balanced Scorecard	A method for evaluating not only money, but also customer satisfaction, internal work, and future preparation

D 요약 및 주요 용어

경영전략 실행은 기업이 세운 전략을 실제로 행동으로 옮기는 과정이다. 전략을 잘 실행하려면 조직 구조, 리더십, 조직문화, 자원 배분, 성과 관리가 중요하다. 예를 들어, 글로벌 전략을 실행하려면 해외 지사를 설치하고, 구성원들이 같은 목표를 향해 움직일 수 있도록 리더가 방향을 잘 제시해야 한다. 실행 후에는 결과를 평가하고, 잘된 점과 부족한 점을 피드백하여 전략을 수정해야 한다. 이 과정을 통해 기업은 전략을 계속 발전시켜 나갈 수 있다.

용어	설명
전략 실행	세운 계획을 실제로 행동으로 옮기는 것
조직 구조	기업 안에서 부서들이 어떻게 나뉘고 일하는지를 정한 방식
리더십	기업의 목표를 위해 구성원들을 이끄는 능력
조직문화	기업 안에서 사람들이 당연하게 생각하고 따르는 행동 방식
자원 배분	사람, 돈, 시간 등을 필요한 곳에 나누어 주는 것
성과 관리	전략이 잘되고 있는지를 확인하고, 필요할 때 바꾸는 활동
KPI	중요한 목표가 잘 이루어지고 있는지를 숫자로 확인하는 기준 (성과지표)
피드백	잘된 점과 부족한 점을 말하고, 고치는 과정
균형성과표	돈뿐만 아니라 고객, 내부 일, 미래 준비까지 골고루 평가하는 방법

E Team Workshop

1. Topic: Opening a Korean Restaurant in My Country - Creating My Own Strategy

<table>
<tr><td>Purpose</td><td colspan="2">Students imagine they are opening a Korean restaurant in their home country. Through this activity, students experience the full process of business strategy—from planning to execution and performance evaluation. This helps them develop practical strategy skills and creative problem-solving abilities.</td></tr>
<tr><td rowspan="2">Activity Steps</td><td>Investigation and Analysis</td><td>1. Choose Your Food
2. Choose the Location_Research the local area and its characteristics
3. Design the Strategy
<table>
<tr><th>Category</th><th>Sample Questions</th></tr>
<tr><td>Strategy Goals</td><td>How many customers per month? Number of SNS followers?</td></tr>
<tr><td>Marketing</td><td>How will you promote it? Local language? SNS? Free tastings?</td></tr>
<tr><td>Operations</td><td>Will you run it exactly like in Korea? Or change the taste to fit local people?</td></tr>
<tr><td>Target Customers</td><td>Who will come? Locals? International students? Koreans?</td></tr>
<tr><td>KPIs (Evaluation)</td><td>Customer count, repeat visits, social media feedback</td></tr>
</table>
4. Create an Action Plan
<table>
<tr><th>Category</th><th>Sample Questions</th></tr>
<tr><td>Menu Strategy</td><td>What dishes will you serve? Will you adjust spicy levels?</td></tr>
<tr><td>Pricing Strategy</td><td>First-visit discount? Combo menus?</td></tr>
<tr><td>Promotion Strategy</td><td>Where will you advertise? SNS? Flyers? Work with YouTubers?</td></tr>
<tr><td>Location Strategy</td><td>Near a university? Traditional market? Tourist area?</td></tr>
<tr><td>Cultural Strategy</td><td>How will you help local people feel comfortable with Korean food?</td></tr>
</table></td></tr>
<tr><td>Presentation</td><td>Each team presents their analysis</td></tr>
</table>

E 팀 워크숍

1. 주제: 내 나라에서 한국 음식점 열기: 나만의 전략 만들기

<table>
<tr><td>목적</td><td colspan="2">자신의 국가에서 한국 음식점을 창업한다고 가정한다. 전략 수립부터 실행 및 성과 측정까지의 전 과정을 체험함으로써 경영전략의 실제 적용 능력과 창의적 문제 해결력을 기른다.</td></tr>
<tr><td rowspan="2">활동 구성</td><td>토론 및 정리</td><td>1. 음식 정하기
2. 장소 정하기(도시/지역 등)_지역의 특성 조사하기
3. 전략 설계하기
<table>
<tr><th>항목</th><th>예상 질문</th></tr>
<tr><td>전략 목표</td><td>한 달 손님 수? SNS 팔로워?</td></tr>
<tr><td>마케팅 전략</td><td>어떻게 알릴까? 현지 언어, SNS, 시식 행사 등</td></tr>
<tr><td>운영 전략</td><td>어떻게 운영할까? 한국식 그대로? 현지 입맛에 맞춰 조정?</td></tr>
<tr><td>고객 전략</td><td>어떤 사람들이 올까? 현지인, 유학생, 한국인?</td></tr>
<tr><td>평가 기준 (KPI)</td><td>고객 수, 재방문율, SNS 반응 등</td></tr>
</table>
4. 전략 실행 계획 세우기
<table>
<tr><th>항목</th><th>질문 예시</th></tr>
<tr><td>메뉴 전략</td><td>어떤 메뉴를 팔까? 매운맛은 조절할까?</td></tr>
<tr><td>가격 전략</td><td>첫 방문 할인? 세트 메뉴 만들기?</td></tr>
<tr><td>홍보 전략</td><td>어디에 광고할까? SNS? 전단지? 유튜버?</td></tr>
<tr><td>장소 전략</td><td>대학교 앞? 시장 근처? 관광지?</td></tr>
<tr><td>문화 전략</td><td>자국 사람들에게 한국 음식이 낯설지 않게 하려면?</td></tr>
</table></td></tr>
<tr><td>발표</td><td>각 팀의 전략을 발표한다.</td></tr>
</table>

IX

구조조정과 경영혁신

Restructuring and Business Innovation

A Restructuring

Restructuring is when a company changes its organization, business areas, or resources to overcome difficulties or grow better. There are several important reasons why a company may choose to restructure.

First, when a company keeps making losses, restructuring is necessary. A loss means that expenses are higher than income. If this continues, the company may run out of money and may not survive long. So, to reduce costs, the company might cut unnecessary departments or stop unprofitable businesses.

Second, a company restructures when it becomes less competitive. If it falls behind other companies, it becomes hard to survive. To become stronger, the company may reorganize or start a new business.

Third, restructuring can also help a company grow and improve. Even if the company is doing fine now, it may want to change its structure to focus on what it does best and work more efficiently in the future.

In this way, restructuring is an important way to save a company or make it stronger.

1. Types of Restructuring

a) Business Restructuring

Business restructuring means stopping or selling business units that make little profit or have low growth potential. Instead, the company focuses its resources on areas that are performing well. For example, the American company GE (General Electric Company) sold all its business units that were not ranked first or second in market share, and focused only on its core businesses. This way, the company

A 구조조정

구조조정은 기업이 어려운 상황을 극복하거나, 더 잘 성장하기 위해 조직, 사업, 자원을 새롭게 바꾸는 것이다. 기업이 구조조정을 하는 데에는 여러 가지 중요한 이유가 있다.

첫째, 기업이 적자를 계속 낼 때 구조조정이 필요하다. 적자는 수익보다 비용이 더 많은 상태를 말한다. 이런 상황이 계속되면 기업은 돈이 부족해져, 오래 운영되기 어려워질 수 있다. 그래서 기업은 비용을 줄이기 위해, 중요하지 않은 부서나, 이익이 적은 사업을 없애는 구조조정을 한다.

둘째, 기업의 경쟁력이 약해졌을 때도 구조조정을 한다. 다른 기업보다 뒤처지면 살아남기 어렵기 때문에, 기업을 더 강하게 만들기 위해 조직을 바꾸거나, 새 사업을 시작한다.

셋째, 기업이 더 발전하고 성장하려고 할 때 구조조정을 하기도 한다. 지금은 괜찮지만, 미래에 더 좋은 기업을 만들기 위해 잘하는 일에 집중하고, 효율적으로 일할 수 있는 구조로 바꾼다.

이처럼 구조조정은 기업을 살리거나, 강하게 만들기 위한 중요한 방법이다.

1. 구조조정의 종류

a) 사업 구조조정

사업 구조조정은 이익이 적거나 성장 가능성이 낮은 사업을 정리하거나 파는 것이다. 그 대신, 잘되는 사업에 집중 투자하여 자원을 효율적으로 사용한다. 예를 들어, 미국 기업 GE(제너럴 일렉트릭)는 시장 점유율이 1등이나 2등이 아닌 사업부를 모두 팔고, 핵심 사업에 집중했다. 이렇게 하면 기업은 자원을 낭비하지 않고, 잘하는 분야에 집중하여 더 크게 성장할 수 있다.

avoids wasting resources and can grow faster by focusing on what it does best.

b) Financial Restructuring

Financial restructuring is about making a company's financial condition more stable and healthy. For example, if a company has too much debt, it has to pay a lot of interest. To solve this, the company can sell unnecessary assets and use that money to reduce its debt, making its financial condition more stable. This helps the company secure cash and lower financial risk.

c) Organizational Restructuring

Organizational restructuring means changing the structure of the company to work more efficiently. For example, the company can combine departments that do similar work, or reduce middle managers and let teams work more directly.

This helps the company make faster decisions and save money, especially on salaries. Big companies often do this to respond quickly to changes in the market.

• Types of Restructuring

Strategy	Explanation	Example
Business Restructuring	Closing weak businesses and focusing on strong ones	GE: Sold all business units that were not No. 1 or 2 in market share
Financial Restructuring	Solving money problems by reducing debt and selling assets	LG: After 2020, sold non-core assets to invest in new businesses like batteries and auto parts
Organizational Restructuring	Changing the organization to work more efficiently	Hyundai Motor: In 2021, simplified its structure to make faster decisions

b) 재무 구조조정

재무 구조조정은 기업의 돈 관리 상태(재정)를 더 안정적이고 건강하게 만들기 위한 방법이다. 예를 들어, 부채(빌린 돈)가 많으면 이자를 많이 내야 하므로, 기업은 필요 없는 자산을 판다. 그리고 그 돈으로 부채를 줄여서 기업의 재정을 안정시킨다. 이런 방법으로 기업은 현금을 확보하고, 위험을 줄일 수 있다.

c) 조직 구조조정

조직 구조조정은 기업 조직을 더 효율적으로 바꾸는 것이다. 예를 들어, 비슷한 일을 하는 부서를 합치거나, 중간 관리자를 줄이고 팀 중심으로 일하게 하면, 의사결정이 더 빨라지고, 인건비 같은 비용도 줄일 수 있다. 이런 방법은 특히 큰 기업에서 시장 변화에 빠르게 대응하기 위해 자주 사용된다.

• 구조조정의 종류

전략	설명	예
사업 구조조정	잘 안되는 사업을 정리하고, 잘되는 사업에 집중하는 것	GE: 1등 또는 2등이 아닌 사업부는 모두 매각*하였다.
재무 구조조정	부채를 줄이고 자산을 정리해서 기업의 돈 문제를 해결하는 것	LG: 2020년 이후 비핵심 자산을 매각하여 신사업(배터리, 전장** 등)에 투자하였다.
조직 구조조정	조직을 더 효율적으로 바꾸는 것	현대차: 조직을 효율적으로 변경한 결과, 의사결정 속도가 더 빨라졌다.

* 매각 : 가지고 있던 것을 파는 것

** 전장 : 자동차에 들어가는 전기·전자 장치

2. Case Study: Business Restructuring _ LG

Category	Details
Background	• In July 2021, LG announced its exit from the mobile phone business. • 23 consecutive quarters of losses (~5.75 years) • About 5 trillion KRW in operating losses
Reason for Exit	• To focus resources on core businesses • To prepare for future growth areas
Post-Exit Strategy	• Employee Reassignment → About 3,700 staff moved to other teams (e.g., appliances, EV parts, AI/robotics) • Technology Reuse → Used mobile tech (display, AI, etc.) in home appliances, vehicle parts, robots • Financial Stabilization → Stopped losses, improved cash flow and profit structure • Future Investment → Focused on EV components, smart appliances, AI, and robotics
Results & Effects	• Short-term: Reduced losses from mobile business • Long-term: Focused on more profitable areas → improved competitiveness and financial stability

2. 사업 구조조정 사례_LG전자 휴대폰 사업 철수

LG전자 휴대폰 사업 철수	• LG전자는 2021년 7월을 마지막으로 휴대폰 사업에서 철수한다고 발표했다. • 23분기*(약 5.75년) 연속 적자였고, 영업손실이 약 5조 원이었다. • LG전자는 "핵심 사업에 자원을 집중하고, 미래 성장 분야를 준비하기 위해" 사업 철수를 결정하였다.
철수 후 자원 재배분 전략	① 인력 재배치** • 휴대폰 사업부 직원 약 3,700명을 가전, 전장, AI·로봇 사업부 등으로 이전 배치하였다. ② 기술 재활용 • 휴대폰 사업에서 쌓은 디스플레이, 통신, AI 기술을 가전제품, 전장 부품, 로봇 등에 적용하기 시작했다. ③ 재무 안정화*** • 수년간 적자를 남긴 휴대폰 사업을 정리함으로써 현금 흐름이 안정되었고, 이익 구조가 좋아졌다. ④ 미래 투자 강화 • 확보된 돈과 기술로 전기차 전장 부품, 스마트 가전, AI·로봇 등의 신사업에 집중적으로 투자하였다.
결과와 효과	• 단기적으로는 휴대폰 사업에서 발생한 손실이 줄어들었고, 장기적으로는 수익성이 높은 사업에 집중할 수 있게 되어, LG전자의 경쟁력과 재무 안정성이 회복되었다.

출처 : 한경(2021. 04. 05)[45], ZDNET Korea (2021. 04. 05)[46], 한겨레 (2022. 05. 31)[47]

* 분기 : 1년을 4부분으로 나눈 기간. 1월~3월은 1분기, 4월~6월은 2분기, 7월~9월은 3분기, 10월~12월은 4분기

** 재배치 : 사람이나 자원을 다시 알맞은 곳에 옮기는 것

*** 안정화 : 편하고 안전한 상태로 만드는 것

---

45 한경 (2021. 04. 05). LG, '5조 적자' 휴대폰 사업 26년 만에 접는다. https://www.hankyung.com/article/202104057432g?utm

46 ZENET Korea (2021. 04. 05). LG전자, 26년만에 휴대폰 사업 철수...5兆 적자 마침표. https://zdnet.co.kr/view/?no=20210405091331&utm

47 한겨레 (2022. 05. 31). LG전자 '휴대폰 철수' 1년…'선택과 집중' 통했나. https://www.hani.co.kr/arti/economy/marketing/1045068.html?utm

B First-Mover and Follower Strategies

1. First-Mover Strategy

A first-mover strategy means being the first company to launch a new technology or product in the market. This strategy is powerful because you can enter the market before competitors and become a leader. For example, Tesla became famous by producing electric cars earlier than most other companies. However, this strategy is also risky—because customer reactions are still unknown and the technology may not be perfect.

2. Follower Strategy

A follower strategy means watching other companies launch a new product first, then entering the market afterward. This strategy has lower risk because you can see how the market reacts before starting. For example, Samsung succeeded by making smartphones after Apple had already proved the market was strong.

But the follower strategy also has challenges—there may already be many competitors, and it's hard to win without a clear advantage. That's why follower companies must learn quickly and compete with better quality or lower prices.

B 선도자와 추격자 전략

1. 선도자 전략

선도자 전략은 가장 먼저 새로운 기술이나 제품을 만들어 시장에 나오는 전략이다. 이 전략을 쓰면 경쟁자가 없을 때 시장을 먼저 차지할 수 있어서 유리하다. 예를 들어, 테슬라는 다른 기업보다 먼저 전기차를 많이 만들어 시장에서 유명해졌다. 하지만 선도자 전략은 아직 고객의 반응을 알 수 없고, 기술도 완벽하지 않을 수 있어서 실패할 위험도 크다.

2. 추격자 전략

추격자 전략은 다른 기업이 시작한 것을 보고, 그 뒤를 따라가는 전략이다. 이 전략은 시장 반응을 먼저 보고 시작하므로 실패할 위험이 적고, 더 안정적으로 사업을 할 수 있다. 예를 들어, 삼성전자는 애플이 스마트폰을 성공시킨 후 비슷한 제품을 만들어 큰 성공을 거두었다.

하지만 추격자 전략은 이미 시장에 경쟁자가 많아 경쟁이 심하고, 차별화된 강점이 없으면 성공하기 어렵다. 그래서 추격자 전략을 쓰는 기업은 빠르게 배우고, 더 좋은 품질이나 가격으로 경쟁해야 한다.

C Business Innovation

1. Innovation

Innovation means creating something new or making something very different from before. For example, making the first smartphone is an innovation (something new). Also, making computers much cheaper so that everyone can buy one is another type of innovation (changing something old in a new way).

2. Schumpeter's Innovation Theory

The economist Joseph Schumpeter said that businesses create new things—like products, technologies, or ways of working—by breaking down old things. He called this process "Creative Destruction."

"To create something new, the old must disappear." – Schumpeter

• **Examples of Schumpeter's Innovation**

Old Product / Method	New Innovation	Explanation
Film Camera	Smartphone Camera	Film companies disappeared as smartphones replaced traditional cameras.
CD Player	Music Streaming Services	CD stores declined, and people now listen to music on YouTube and Melon.
Calling a Taxi by Phone	App-based Mobility (e.g., Uber, Kakao Taxi)	Instead of calling a taxi, people use apps to request a ride.

C 경영혁신

1. 혁신

'혁신'은 '새로운 것'을 만들거나 '기존의 것'을 아주 다르게 만드는 것이다. 예를 들어, 처음으로 스마트폰을 만든 것(새로운 것), 아주 비쌌던 컴퓨터를 싸게 만들어서 누구나 살 수 있게 한 것(기존의 것을 다르게), 이런 것이 혁신이다.

2. 슘페터의 혁신

경제학자 슘페터(Joseph Schumpeter)는 기업이 새로운 제품, 기술, 방식으로 옛 것을 무너뜨리고 새로운 것을 만드는 현상을 "창조적 파괴(Creative Destruction)"라고 불렀다.[48]

"새로운 것이 생기려면, 낡은 것은 사라져야 한다." - 슘페터

• 슘페터의 혁신 예

과거 제품/방식	새로운 혁신	설명
필름 카메라	스마트폰 카메라	필름 기업들이 사라지고, 휴대폰이 사진기를 대신한다.
CD 플레이어	스트리밍 서비스	CD를 팔던 음반 가게들이 줄고, 유튜브·멜론으로 음악을 듣는다.
택시 호출	앱 기반 모빌리티 (우버, 카카오택시)	전통 택시 대신 앱으로 차를 부른다.

48 Schumpeter, J. A. (1942). Capitalism, socialism and democracy. New York: Harper & Brothers.

3. Business Innovation

Business innovation means changing the way a company works to become more efficient and creative than before. It is a change that helps the company work better and perform more effectively.

a) Examples of Business Innovation

① Digital Transformation

Changing tasks that were done by people into automated processes using computers, robots, or artificial intelligence (AI).

Example: Replacing bank counter services with mobile banking apps; Starbucks' mobile ordering system.

② Changing Organizational Culture

Changing from a vertical structure (boss-centered) to a horizontal structure (team-centered) to improve communication and decision speed.

Example: Netflix gives employees a high level of freedom and responsibility, based on its culture of "Freedom & Responsibility."

③ Customer-Centered Service Innovation

Quickly applying customer feedback to improve services and increase satisfaction.

Example: Emart frequently changes product locations and displays based on customer feedback.

④ Eco-Friendly Management

Changing business practices to reduce waste and reuse resources in ways that protect the environment.

Example: Coca-Cola changed its production system to use recycled bottles.

3. 경영혁신

경영혁신은 기업이 지금까지 하던 방식에서 벗어나, 더 효율적이고 창의적인 방법으로 일을 바꾸는 것이다. 기업이 일을 더 잘할 수 있게 만드는 변화이다.

a) 경영혁신 사례

① 디지털 전환

기존에 사람이 손으로 하던 일을 컴퓨터, 로봇, 인공지능(AI)으로 자동화한다.

예: 은행의 창구 업무를 모바일 앱으로 바꾸기, 스타벅스의 모바일 주문 서비스

② 조직문화 변화

수직적(상하 관계) 조직을 수평적(팀 중심) 조직으로 바꿔 의사결정 속도와 자유로운 소통을 높인다.

예: 넷플릭스는 '자유와 책임(Freedom & Responsibility)'이라는 문화를 기반으로, 매우 높은 수준의 자율성을 직원들에게 주고 있다.[49]

③ 고객 중심 서비스 혁신

고객의 의견을 바로 서비스에 반영하여 만족도를 높인다.

예: 이마트는 고객 피드백을 분석해 상품 위치와 진열 방식을 자주 바꾼다.[50]

④ 친환경 경영

환경을 생각하며 자원을 줄이고, 재사용하는 방식으로 바꾼다.

---

49 동아일보 (2024. 08. 06). 직원에 "최대 자유 주마, 최고 성과 다오"… 2.7억 가입자 확보 'OTT 신화'[이준만의 세상을 바꾼 기업가들]. https://www.donga.com/news/Opinion/article/all/20240806/126378068/2?utm

50 매일경제 (2021. 04. 29). [푸드] "31가지 골라먹는 맛" 샐러드 맛집 이마트. https://www.mk.co.kr/news/economy/9850844?utm

⑤ Work Style Innovation

Adopting remote work and flexible working hours to change how employees work.

Example: Google and Microsoft allowed most employees to work flexibly after COVID-19.

b) Why Business Innovation Is Necessary

Today, technology and markets are changing very quickly. If a company keeps working in the old way, it may fall behind. So, companies need to adapt quickly to new technologies and changes. Also, customer expectations are rising.

Customers now want faster, more convenient, and better services. To meet these needs, business innovation is very important.

Finally, companies must compete with other businesses. If they don't find better and more efficient ways to work, they may not survive.

That's why companies must keep trying new ideas and improving—this is what business innovation is all about.

예: 코카콜라는 재활용 용기를 사용하는 생산 시스템으로 전환하였다.[51]

⑤ 업무 방식 혁신

재택근무, 유연근무제 등을 도입해 일하는 방식을 바꾼다.

예: 구글, 마이크로소프트는 코로나 이후 대부분의 직원을 유연하게 근무하도록 변경하였다.[52]

b) 경영혁신이 필요한 이유

요즘은 기술과 시장이 아주 빠르게 변하고 있다. 기업이 계속 예전 방식으로만 일하면 변화에 뒤처질 수 있다. 그래서 기업은 새로운 기술과 변화에 빨리 적응해야 한다.

또한, 고객의 기대도 점점 높아지고 있다. 고객은 더 빠르고, 편리하고, 좋은 서비스를 원한다. 이런 고객의 요구를 잘 맞추기 위해서도 경영혁신이 필요하다.

마지막으로, 기업은 다른 경쟁 기업들과 싸워서 이겨야 한다. 더 좋은 방법, 더 효율적인 방법으로 일하지 않으면 살아남기 어렵다. 그래서 기업은 계속 새로운 방법을 찾고 바꾸는 노력, 즉 경영혁신을 해야 한다.

---

51 PackagingGateway (2025. 03. 17). Inside Coca-Cola's packaging overhaul. https://www.packaging-gateway.com/news/inside-coca-colas-packaging-overhaul

52 글로벌이코노믹스 (2020. 10. 10). [글로벌-Biz 24] 마이크로소프트, 유연근무 확대…주간 근무시간 절반 원격근무 허용. https://www.g-enews.com/article/Global-Biz/2020/10/202010101212449487b5d048c6f3

D Summary and Key Terms

Restructuring is a strategy that helps a company overcome hard times or grow more effectively by changing how it uses its organization, business areas, or resources. There are different types of restructuring. Business restructuring means closing or selling parts of the business that don't make much profit, so the company can focus on more successful areas. Financial restructuring helps improve the company's financial health by reducing debt and selling assets it doesn't need. Organizational restructuring makes the structure of the company simpler and more efficient, helping it make faster decisions and reduce costs.

In short, restructuring is an important way for companies to become stronger and more competitive in a fast-changing business world.

Term	Explanation
Restructuring	Changing a company's organization, business, or resources to manage better
Business Restructuring	Closing low-profit businesses and focusing on the ones that are doing well
Financial Restructuring	Reducing debt and making the company's financial condition more stable
Organizational Restructuring	Merging or reducing departments to make the company faster and more efficient

D 요약 및 주요 용어

구조조정은 기업이 어려운 상황을 극복하거나 더 잘 성장하기 위해 조직, 사업, 자원을 새롭게 바꾸는 전략이다. 대표적인 구조조정에는 이익이 적은 사업을 정리하는 '사업 구조조정', 부채를 줄이고 자산을 정리하는 '재무 구조조정', 조직을 더 효율적으로 바꾸는 '조직 구조조정'이 있다. 구조조정은 기업을 경쟁력 있게 만들기 위한 중요한 방법이다.

용어	설명
구조조정	기업을 더 잘 운영하기 위해 조직, 사업, 자원을 바꾸는 것
사업 구조조정	이익이 적은 사업을 없애고, 잘되는 사업에 집중하는 것
재무 구조조정	빌린 돈(부채)을 줄이고, 돈 관리 상태(재정)를 더 안정되게 바꾸는 것
조직 구조조정	부서를 합치거나 줄여서 조직을 더 빠르게 만드는 것

E Team Workshop

1. Topic: Let's Improve Where We Work

Purpose	Based on part-time job experience, students will identify real problems in the workplace and suggest ideas for restructuring or business innovation. This helps develop practical skills in applying business strategy and improving organizations.	
Activity Steps	Discussion & Planning	① Each team member shares their part-time job experience and identifies problems. ② Choose one store or workplace to focus on as a team. ③ Decide on a specific problem to solve. ④ Create a solution using either restructuring or business innovation ideas.
	Presentation	Each team presents their analysis

2. Restructuring Template Example

Problem	Suggested Idea (Example)
Too much work	Suggest ways to reduce complicated or repetitive tasks
Not enough staff	Add more workers during busy times, or assign one person to do multiple tasks
Not many customers	Suggest ideas like better advertising, improved service, or changing the menu
Work is too slow	Improve the ordering process, or change the layout of the items and tools
Messy store	Reorganize the display order or create a better storage/cleaning system
Many customer complaints	Reduce waiting time, improve staff friendliness

E 팀 워크숍

1. 주제: 내가 일하는 곳을 바꾸자

<table>
<tr><td>목적</td><td colspan="2">아르바이트 경험을 바탕으로 실제 현장의 문제점을 발견하고, 구조조정과 경영혁신 아이디어를 제안함으로써 경영전략과 조직 개선의 실제 적용 능력을 기른다.</td></tr>
<tr><td rowspan="2">활동 구성</td><td>토론 및 정리</td><td>1. 팀원들이 각자 아르바이트 장소에 대해 이야기하고 문제점 찾기
2. 실습할 가게를 정하기
3. 문제점을 정하기
4, 구조조정 or 경영혁신 아이디어를 함께 만들기</td></tr>
<tr><td>발표</td><td>각 팀의 아이디어를 발표한다.</td></tr>
</table>

2. 구조조정 템플릿 예시

문제점 예시	제안사항 (예)
일이 너무 많아요	너무 복잡한 일, 반복되는 업무를 줄이기 위한 구조조정 아이디어 제안
사람이 부족해요	바쁜 시간에 사람을 더 배치하거나, 한 사람이 여러 역할을 하도록 재배치하는 구조 제안
고객이 안 와요	홍보, 서비스 개선, 메뉴 변경 등 제안
일이 너무 느려요	주문 방식 개선, 물건 위치 바꾸기 등 제안
정리 안 된 매장	진열 순서 바꾸기, 창고 정리 시스템 등 제안
손님 불만 줄이기	친절한 응대 방법과 대기시간 조정 등 제안

Problem	Suggested Idea (Example)
Wasting money	Reduce leftover materials, unnecessary printing, or overlapping tasks
No special feature of our shop	Suggest unique ideas to make the shop different from other competitors
Part-timers also need happiness	Suggest better break times, communication methods, or reward systems
Use digital tools better	Find ways to use tools like kiosks more effectively

문제점 예시	제안사항 (예)
불필요한 비용 줄이기	남는 재료, 불필요한 인쇄물, 중복 인력 등 줄이기
우리 가게만의 특성 만들기	경쟁 가게와 차별화된 전략 제안
알바생도 행복해야 해요	휴식 시간, 의사소통, 보상 시스템 개선 아이디어 제안
디지털 도구를 활용	키오스크 등 디지털 툴을 더 잘 활용하기 위한 아이디어 제안

X

윤리적 경영과 기업의 사회적 책임, ESG

Ethical Management, Corporate Social Responsibility and ESG

A Stakeholder Theory

A stakeholder is any person or group who affects or is affected by a company's actions. Examples of stakeholders include customers who buy the products, employees who work for the company, investors, local residents, and the government that creates laws. Stakeholder theory says that a company should not focus only on its own profit, but also consider the interests of all its stakeholders in its management decisions.

1. Key Points of Stakeholder Theory

Category	Explanation
Main Stakeholders	Customers, employees, investors, business partners, local communities, government
Management Approach	Companies should care about the interests of all stakeholders, not just their own profits
Related Concepts	Closely related to CSR (Corporate Social Responsibility) and ESG (Environmental, Social, Governance) management

A 이해관계자 이론

이해관계자란, 기업의 활동에 영향을 주거나 영향을 받는 모든 사람이나 집단을 말한다. 예를 들어, 기업의 제품을 사는 고객, 일하는 직원, 돈을 투자한 투자자, 기업이 위치한 지역의 주민, 관련 법을 만드는 정부 등이 모두 이해관계자이다. 이해관계자 이론은 기업이 자신의 이익만 추구하는 것이 아니라, 이런 모든 이해관계자의 이익을 함께 생각하면서 경영해야 한다는 이론이다.

1. 이해관계자 이론 핵심

항목	설명
주요 대상	고객, 직원, 투자자, 협력업체, 지역 사회, 정부 등
경영의 방향	기업이 자기의 이익만 보지 않고, 모든 이해관계자를 함께 생각해야 함
관련 개념	CSR(Corporate Social Responsibility, 기업의 사회적 책임), ESG(Environmental, Social, Governance) 경영 등과도 깊은 관련이 있음

B Ethical Management

Ethical management means that a company operates honestly and responsibly. It does not focus only on making money, but also cares about customers, employees, society, and the environment. It means doing the right thing and trying to make a positive impact on the world.

1. Key Areas of Ethical Management

Area	Example
Honest Practices	Do not lie about products; do not use false advertising.
Fair Treatment	Pay employees fairly and provide a safe workplace.
Environmental Protection	Reduce waste and create systems to save water and energy.
Social Responsibility	Donate to local communities or support people in need.

If a company makes eco-friendly products, pays fair wages, gives workers rest time, and shares correct information with customers, it is practicing ethical management. Such companies gain trust from society, attract loyal customers, and become more competitive in the long term. This is the main goal of ethical management.

B 윤리적 경영

윤리적 경영은 기업이 정직하고 책임감 있게 경영하는 것을 말한다. 기업은 돈을 버는 것뿐만 아니라, 고객, 직원, 사회, 환경도 중요하게 생각해야 한다. 윤리적 경영은 기업이 도덕적으로 옳은 행동을 하며, 사회에 좋은 영향을 주기 위해 노력하는 것이다.

1. 윤리적 경영의 주요 내용

내용	설명 예시
정직한 경영	제품에 대해 거짓말을 하지 않는다. 허위* 광고를 하지 않는다.
공정한 대우	직원에게 적절한 급여를 주고, 안전한 환경에서 일하게 한다.
환경 보호	쓰레기를 줄이고, 물과 에너지를 아끼는 시스템을 만든다.
사회적 책임	지역 사회에 기부하거나, 어려운 사람을 돕는 활동을 한다.

* 허위 : 거짓

기업이 환경을 해치지 않는 제품을 만들고, 직원에게 공정한 임금과 휴식 시간을 보장하며, 고객에게 정확한 정보를 준다면, 그 기업은 윤리적 경영을 잘하고 있다고 할 수 있다. 이런 기업은 사회로부터 신뢰를 얻고, 고객도 좋아하며, 장기적으로 경쟁력 있는 기업이 된다.

C Corporate Social Responsibility (CSR)

Corporate Social Responsibility (CSR) refers to actions taken by companies to make a positive impact on society and the environment. CSR is not something companies are required to do by law or regulation—it is voluntary. Examples include donating money to help people in need or encouraging employees to take part in volunteer activities. CSR also includes helping local communities grow and supporting disadvantaged groups. These activities may not bring short-term profits, but they help build a positive image and earn respect from society in the long run.

- **Examples of CSR Activities**

Activity	Explanation
Environmental donations	Donating to plant trees or support environmental organizations
Local community support	Supporting local schools, Support for local cultural events

C 기업의 사회적 책임

기업의 사회적 책임(Corporate Social Responsibility, CSR)은 기업이 사회와 환경에 좋은 영향을 주기 위해 하는 활동을 말한다. 기업의 사회적 책임은 법이나 규제에 의한 의무가 아니라, 기업이 자발적으로 사회에 도움을 주고자 할 때 하는 활동이다. 기업이 어려운 사람들을 위해 돈을 기부하거나, 직원들이 봉사활동에 참여하는 것 등이 있다. 또한 지역 사회가 더욱 발전하도록 돕거나, 소외된 계층을 지원하는 것도 CSR 활동에 해당한다. 이러한 CSR 활동은 기업의 단기적인 이익보다는 장기적으로 긍정적인 이미지를 만들고, 사회적으로 좋은 평가를 받는 데 도움이 된다.

• CSR 활동 예

활동 예시	설명
환경 보호 기부	나무 심기, 환경단체 후원 등
지역 사회 활동	지역 학교 지원, 지역 문화 행사 지원

D ESG

ESG means that a company does not only focus on making a lot of money, but also considers Environmental (E), Social (S), and Governance (G) in its management. If a company manages these three areas well, it can achieve sustainable management. ESG is also a concept used in investment and evaluation. Investors now use ESG as an important standard to judge a company's value.

1. Components of ESG

Category	Meaning	Examples
E (Environmental)	Environmental protection	• Reduce carbon emissions from factories • Use recyclable packaging • Use digital documents instead of paper
S (Social)	Actions for people and society	• Create safe workplaces to protect employees • Treat partner companies fairly and honestly • Support and join local cultural events
G (Governance)	Honest and transparent company management	• Share financial information honestly • Prevent corruption • Ensure the board of directors supervises management properly

D ESG

ESG는 기업이 단지 돈을 많이 버는 것만 생각하는 것이 아니라, 환경(Environmental), 사회(Social), 지배구조(Governance)를 함께 생각해서 경영하는 것을 말한다. 이 세 가지를 잘 지키면, 기업은 지속가능한* 경영을 할 수 있다. ESG는 투자와 평가의 개념으로 투자자들이 기업을 평가하는 중요한 기준이다.

* 지속가능한 : 오랫동안 계속할 수 있는 것

1. ESG의 요소

항목	뜻	구체적인 예시
E (환경)	Environmental (환경 보호)	• 공장에서 나오는 탄소를 줄인다. • 재활용할 수 있는 포장재 사용한다. • 종이 대신 전자 문서를 사용한다.
S (사회)	Social (사람과 사회를 위한 활동)	• 직원들이 다치지 않게 안전한 일터*를 만든다. • 협력업체들과 정직하고 공정하게 거래한다. • 지역 문화 행사 활동에 지원하고 참여한다.
G (지배구조)	Governance (정직하고 투명한 회사 운영)	• 회계와 재무 자료를 정직하게 공개한다. • 부정부패** 없는 경영을 한다. • 이사회가 제대로 기업 운영을 감시할 수 있도록 한다.

* 일터 : 사람이 일하는 장소

** 부정부패 : 돈이나 권력을 가진 사람이 나쁜 짓을 해서 자기만 이익을 보는 것

2. The Importance of ESG

Today, people do not judge a company only by how much money it makes.

Now, investors care a lot about whether a company manages its Environmental (E), Social (S), and Governance (G) well. In other words, ESG is becoming a key standard for judging a company's future value. For example, a company that produces a lot of carbon emissions may face future government regulations. A company that does not respect its employees or customers may face public criticism and be seen as a risky investment.

On the other hand, companies that practice ESG well are less likely to cause environmental problems, earn trust from society, and operate transparently. These companies are likely to make long-term profits. Many investors and asset management companies choose to invest first in companies with high ESG scores. Today, ESG is more than just a part of corporate social responsibility—it is a key investment standard and a sign that a company can grow sustainably in the future.

3. Case Study: ESG Management - Donggubat

Category	Content
Company Overview	• A Company that hires people with developmental disabilities as full-time employees to make natural solid soap and household products
Main Products	• Handmade natural solid soap, solid shampoo, eco-friendly household goods
E (Environmental)	• Uses eco-friendly ingredients with no chemicals • Develops solid products to reduce plastic use
S (Social)	• Hires people with developmental disabilities as full-time workers • Partners with public institutions and companies to create social value
G (Governance)	• Certified as a social enterprise • Practices transparent financial and employment policies
Company Identity	• A representative example of an enterprise that promotes value-based consumption.

2. ESG의 중요성

요즘 기업을 평가할 때, 단지 얼마나 돈을 잘 버는지만 보지 않는다. 이제는 기업이 환경(E), 사회(S), 지배구조(G)를 잘 관리하고 있는지를 투자자가 매우 중요하게 본다. 즉, ESG는 기업의 "미래 가치를 판단하는 투자 기준"이 되고 있다. 예를 들어, 탄소를 많이 배출하는 기업은 앞으로 정부 규제*를 받을 수 있고, 직원이나 고객을 존중하지 않는 기업은 사회적 비판을 받아 위험한 투자 대상이 될 수 있다.

* 규제 : 정부나 기관이 어떤 일을 마음대로 하지 못하게 정해 놓은 법이나 규칙

반대로, ESG를 잘 실천하는 기업은 환경 문제가 발생할 위험이 낮고, 사회적으로 신뢰를 얻으며, 기업을 투명하게 운영하기 때문에, 장기적으로 돈을 벌 가능성이 높다. 많은 투자자와 자산운용사*는 ESG 점수가 높은 기업에 가장 먼저 투자한다. ESG는 이제 기업의 사회적 책임을 넘어서, 투자의 기준이 되고 있으며, 기업이 미래에도 지속적으로 성장할 수 있는지를 보여주는 중요한 지표가 되었다.

* 자산운용사 : 돈을 모아서 대신 투자해 주는 기업

3. ESG 경영 사례_동구밭

항목	내용
기업 소개	• 발달장애인*을 정규직**으로 고용하여 천연 고체*** 비누와 생활용품을 만드는 기업
주요 제품	• 수제 천연 고체 비누, 고체 샴푸, 친환경 생활용품 등
E (환경)	• 화학 성분 없이 친환경 원료로 비누 제작 • 플라스틱 사용을 줄이기 위한 고체 제품 개발
S (사회)	• 발달장애인 정규직 고용 • 공공기관과 협력해 사회적 가치 실현
G (지배구조)	• 사회적기업 인증**** 보유 • 투명한 재무 운영 및 고용 정책*****
기업 특성	• '가치 소비(Value-based consumption)'를 실천하는 대표 사례

* 발달장애인 : 생각하거나 행동하는 데 어려움이 있는 사람 / ** 정규직 : 계약 기간 없이 오래 일할 수 있는 직장

*** 고체 : 딱딱하거나 단단한 상태 / **** 인증 : 정부나 기관이 '맞다'고 확인해 주는 것

***** 고용 정책 : 사람들에게 일자리를 더 많이 만들기 위해 하는 활동

E Ethical Management, CSR, and ESG - Commonalities and Characteristics

1. Ethical Management, Corporate Social Responsibility (CSR), and ESG

Ethical management means that "a company must act rightly." It is about working honestly without lies and treating everyone fairly. CSR means that "a company should have a positive impact on society." This includes donating to help people in need or volunteering in the local community.

ESG means that "a company must protect the environment (E), fulfill social responsibilities (S), and manage the company transparently (G)." Today, many investors prefer companies that practice ESG well and choose to invest in them.

• **Key Features of Ethical Management, CSR, and ESG**

Category	Ethical Management	CSR	ESG
Common Ground	• All three are based on the idea that *"companies must act responsibly in society."* • They focus not only on money, but also on people, society, and the environment.		
Core Meaning	• A company's effort to act honestly and ethically	• Voluntarily doing good things for society	• Managing environment, society, and governance responsibly
Main Stakeholders	• Internal relationships like customers, employees, and business partners	• Society, local communities, and the environment	• Broad external stakeholders: investors, customers, government, global organizations

E 윤리적 경영, 기업의 사회적 책임(CSR), ESG의 공통점과 특징

1. 윤리적 경영, 기업의 사회적 책임, ESG

윤리적 경영은 "기업은 바르게 행동해야 한다"이다. 거짓 없이 정직하게 일하고, 누구에게나 공정하게 대하는 태도를 말한다. 기업의 사회적 책임(CSR)은 "기업은 사회에 좋은 영향을 주어야 한다"이다. 어려운 사람을 돕기 위해 기부를 하거나, 지역 사회를 위해 봉사활동을 하는 것을 포함한다. ESG는 "기업은 환경을 보호하고, 사회적 책임을 다하며, 투명하게 기업을 운영해야 한다"이다. 최근 투자자는 기업에 투자할 때, ESG 경영을 잘하는 기업을 더 높게 평가하여 투자하고 있다.

• 윤리적 경영, CSR, ESG 주요 특징

항목	윤리적 경영	기업의 사회적 책임	ESG
공통점	• 세 가지 모두 "기업이 사회와 함께 바르게 경영해야 한다."라는 생각에서 출발한다. • 돈만이 아니라 사람, 사회, 환경을 함께 생각하는 경영 방식이다.		
핵심 의미	• 기업이 정직하고 도덕적으로 행동하려는 것	• 기업이 사회를 위해 좋은 일을 자발적으로 실천하는 것	• 기업이 환경, 사회, 지배구조를 잘 관리하는 것
주요 대상	• 고객, 직원, 협력사 등 내부 관계자	• 사회, 지역, 환경 등 외부 관계자	• 투자자, 고객, 정부, 국제사회 등 넓은 외부 이해관계자

Category	Ethical Management	CSR	ESG
Main Focus	• Work transparently without lies • Treat employees and customers fairly	• Donations and volunteering • Cooperate with local communities	• Reduce carbon emissions • Treat employees well • Honest accounting and governance
Who considers it important?	• Managers and employees	• Companies, citizens, and local communities	• Investors, government bodies, international standard agencies
Legal Obligation	• Mostly voluntary (not required by law)	• Voluntary, but increasingly important for corporate image	• Some parts are required by law • Very important for investment decision-making
Why It Matters	• Builds trust and a good reputation	• Improves social image and strengthens brand value	• Essential for sustainable growth and attracting investment

2. Case Study: Ethical Management, CSR, and ESG _ The Patagonia

Patagonia is an American outdoor clothing brand well-known for its exemplary practices in ethical management, CSR, and ESG management.

a) Ethical Management

Patagonia's ethical management is at the core of its identity and decision-making process.

항목	윤리적 경영	기업의 사회적 책임	ESG
주요 내용	• 거짓 없이 투명하게 일함 • 직원과 고객을 공정하게 대함	• 기부, 봉사활동 • 지역 사회와 협력	• 탄소 줄이기 • 직원들에게 잘하기 • 정직한 회계와 경영 시스템
누가 중요하게 보는가?	• 경영자, 직원	• 기업과 사회 시민, 지역 사회	• 투자자, 정부, 국제 기준 기관
강제성	• 대부분 자발적 (법적 의무는 아님)	• 자발적이지만 기업 이미지에 큰 영향을 미침	• 일부는 법적으로 요구되며, 투자 판단 기준으로 매우 중요해짐
중요 이유	• 기업의 신뢰와 평판 관리	• 사회적 이미지와 브랜드 가치 향상	• 지속 가능한 성장과 투자 유치*에 필수 요소가 됨

* 투자 유치 : 다른 사람이나 기업으로부터 돈을 받아서 사업을 키우는 것

2. 윤리적 경영, 기업의 사회적 책임, ESG 사례_파타고니아[53]

파타고니아는 미국의 친환경 아웃도어 의류 브랜드 기업이다. 윤리적 경영, 기업의 사회적 책임, ESG 경영을 실제 기업 활동에서 모범적으로 실천하고 있는 대표 기업이다.

a) 윤리적 경영

파타고니아의 윤리적 경영은 그들의 존재 이유와 기업의 모든 의사결정에 가장

53 Ohmynews(2022. 09. 16). "지구가 주주" 파타고니아 창업주, 환경단체에 회사 '통째' 기부. https://www.ohmynews.com/NWS_Web/View/at_pg.aspx?CNTN_CD=A0002865069&utm
한겨레21 (2024 04. 30). 주주는 '지구' 경영철학은 '환경'…영혼이 있는 기업을 배우다. https://www.hani.co.kr/arti/economy/working/1138734.html?utm
Patagonia. https://www.patagonia.com/ownership/?utm
Medium (2022. 09. 22). The Patagonia Structure in the Context of Steward-Ownership. https://medium.com/%40purpose_network/the-patagonia-structure-in-the-context-of-steward-ownership-e9db3d260dc6

- **Honest business conduct:** One of its most famous campaigns, "Don't Buy This Jacket," encouraged consumers to reduce unnecessary consumption and use products for a longer time. Instead of prioritizing profit, the campaign urged customers not to buy new products unless truly needed, highlighting that environmental protection is a shared responsibility between the company and consumers.

- **Fair Treatment:** Patagonia provides a variety of employee welfare benefits such as a flexible work environment, in-house childcare facilities, and education support. These practices enhance employee satisfaction and reflect the company's ethical stance of treating employees not as mere labor, but as partners who share the company's values.

- **Transparent Supply Chain:** Patagonia discloses the raw materials used in production and the entire manufacturing process. It strictly prohibits unethical practices such as child labor and forced labor within its supply chain.

b) Corporate Social Responsibility (CSR)

- **Environmental Donation Campaign:** Since 1985, Patagonia has practiced the "1% for the Planet" movement, donating 1% of its total sales to environmental protection organizations. This is a leading example of CSR that gives back a portion of corporate profits to society.

- **Repair and Recycling Programs:** Patagonia provides free repair services (Worn Wear) to help customers wear their products for a longer time. It also collects used clothing to promote reuse. These actions reduce waste and encourage resource recycling, showing the company's commitment to social responsibility.

중요한 역할을 한다.

- **정직한 경영**: "이 재킷을 사지 마세요"와 같은 광고 캠페인은 고객들에게 필요하지 않은 소비를 줄이고, 제품을 오랫동안 사용할 것은 권장한다*. 이는 단순히 기업이 많은 제품을 판매하여 수익을 창출하는 것보다 고객들이 필요하지 않은 제품은 사지 않는 것이 모두에게 더 중요하다는 것을 강조하고 있다. 이렇게 함으로써 기업은 환경 보호가 기업과 고객 모두에게 중요하다는 점을 솔직하게 알리고 있다.

* 권장하다 : 좋다고 말하며 추천한다.

- **공정한 대우**: 직원들에게 유연한 근무 환경*, 사내 보육 시설**, 학비 지원 등 다양한 복지 혜택을 제공하여 직원 만족도를 높이고 있다. 이는 직원을 단순한 노동력이 아닌, 기업의 가치를 공유하는 동반자***로 생각하는 윤리적 태도이다.

* 유연한 근무 환경 : 시간이나 장소를 자유롭게 선택해서 일할 수 있는 제도

** 사내 보육 시설 : 기업 안에 있는 어린이집과 유치원

*** 동반자 : 같이 함께하는 사람

- **투명한 공급망**: 제품의 생산에 사용되는 원재료와 생산 과정을 투명하게 공개한다. 공급망 내에서 아동 노동이나 강제 노동과 같은 윤리적이지 않은 활동을 엄격하게 금지한다.

b) 기업의 사회적 책임

- **환경 보호 활동 기부**: 1985년부터 매출의 1%를 환경 보호 단체에 기부하는 '1% for the Plant' 운동*을 하고 있다. 이는 기업 이익의 일부분을 사회에 환원**하는 대표적인 CSR 활동이다.

* 운동 : 어떤 목적을 위해 사람들이 함께 행동하는 것, ** 환원 : 되돌려 주는 것

- **제품 수선 및 재활용**: 제품을 오랫동안 입을 수 있도록 무료 수선 서비스(Worn Wear)를 진행하고 있다. 또한 더 이상 입지 않은 제품을 수거*하는 활동도 하고 있다. 이는 쓰레기를 줄이고 자원을 재활용하는 기업의 사회적 책임 활동이다.

* 수거 : 모아서 가져가는 것

c) ESG Management

• E (Environmental)

- Use of eco-friendly materials: Patagonia uses materials such as organic cotton and recycled fibers that help minimize environmental damage.

• S (Social)

- Fair labor: Many of Patagonia's products are Fair Trade certified, and the company strictly manages the protection of workers' rights and safety within its supply chain.
- Diversity and inclusion: Patagonia supports work–life balance by offering flexible working hours and in-house childcare. The company fosters a corporate culture that embraces diversity and inclusion.
- Community involvement: Employees are given paid leave to participate in environmental protection activities.

• G (Governance)

- Transparent decision-making: The founder of Patagonia made the unprecedented decision to transfer the ownership of the company to the planet. This innovative governance model ensures that the company's profits are used to support environmental protection.

d) Patagonia as a Case of Ethical Management, CSR, and ESG

Ethical management serves as the foundation for all of Patagonia's decisions and actions. Based on this principle, Patagonia voluntarily engages in various activities to fulfill its corporate social responsibility. The company's long-standing commitment to ethical management and CSR has also led to outstanding achievements in ESG management, which has recently gained increasing importance.

c) ESG 경영

• E (환경)

- 친환경 소재 사용: 유기농 면, 재활용 소재 등 환경 파괴를 최소화*하는 소재를 사용한다.

* 최소화 : 가능한 한 가장 작게 만들기

• S (사회)

- 공정한 노동: 공정무역 인증 제품을 많이 생산하고, 공급망 안에 있는 노동자들의 권리 보호와 안전을 철저하게 관리한다.
- 다양성과 포용성*: 직원들에게 유연한 근무 환경과 사내 보육 시설을 제공하여 일과 삶의 균형을 지원하고, 다양하고 포용적인 기업문화를 만들고 있다.
- 지역 사회 참여: 직원들이 환경 보호 활동에 참여할 수 있도록 유급 휴가를 준다.

* 포용성 : 다른 사람을 차별하지 않고 함께하는 것

• G (지배구조)

- 투명한 의사결정 : 파타고니아 창업주*는 기업의 소유권**을 '지구'에 넘기는 결정을 하였다. 이는 기업의 이익이 환경 보호에 사용할 수 있도록 하는 혁신적인 지배구조 모델이다.

* 창업주 : 기업을 처음 만든 사람

** 소유권 : 어떤 물건이나 재산을 가질 수 있는 권리

d) 파타고니아 사례로 본 윤리적 경영, 기업의 사회적 책임, ESG

윤리적 경영은 파타고니아의 모든 의사결정과 행동의 기본 원칙이다. 이러한 윤리적 경영 위에서 파타고니아는 기업의 사회적 책임을 다하기 위한 다양한 활동을 자발적으로 실천하고 있다. 파타고니아가 오랫동안 실천해 온 윤리적 경영과 사회적 책임 활동들이 최근 중요해진 ESG 경영에서도 두드러진 성과를 내고 있다.

F Summary and Key Terms

A company should not focus only on making money, but also consider the interests of various stakeholders such as customers, employees, and local communities. Ethical management means working honestly and responsibly while valuing people and the environment. CSR refers to voluntary efforts to create positive social impact through activities like donations and volunteering. ESG management emphasizes that a company must effectively manage Environmental (E), Social (S), and Governance (G) in order to operate sustainably.

Term	Explanation
Stakeholder	People who affect or are affected by a company's actions (e.g., customers, employees, investors)
Ethical Management	Operating a business honestly and fairly
CSR (Corporate Social Responsibility)	Voluntary activities by a company to benefit society and the environment
ESG (Environmental, Social, Governance)	Managing a company with consideration for the environment, society, and governance
Sustainable Management	Operating in a way that allows the company to remain stable and successful over time

F 요약 및 주요 용어

기업은 돈만 버는 것을 목표로 하지 않고, 고객, 직원, 지역 사회 같은 여러 이해관계자의 이익도 함께 생각해야 한다. 정직하고 책임감 있게 일하며, 사람과 환경을 소중히 여기는 것이 윤리적 경영이다. CSR은 기부, 봉사 같은 활동을 통해 사회에 좋은 영향을 주려는 자발적인 노력을 말한다. ESG 경영은 환경(E), 사회(S), 지배구조(G)를 함께 잘 관리해야 지속 가능하게 기업을 운영할 수 있다는 의미이다.

용어	설명
이해관계자	기업 일에 영향을 주거나 영향을 받는 사람들 (고객, 직원, 투자자 등)
윤리적 경영	정직하고 공정하게 기업을 운영하는 것
CSR (기업의 사회적 책임)	기업이 사회와 환경을 위해 자발적으로 좋은 일을 하는 것
ESG	환경(Environment), 사회(Social), 지배구조(Governance)를 고려해 경영하는 것
지속가능한 경영	기업이 오랫동안 안정적으로 운영될 수 있는 방식으로 일하는 것

G Team Workshop

1. Topic: Analyzing Companies with Strong ESG Practices

Purpose	Investigate and share examples of companies from various countries that excel in ESG practices to better understand how Environmental, Social, and Governance strategies are implemented globally and contribute to sustainable growth.	
Activities Steps	Discussion & Summary	1. Each team member selects a company from their own country that is known for good ESG management. 2. The team discusses and chooses one company for in-depth analysis. 3. Research the selected company's ESG activities and organize the findings.
	Presentation	Each team presents their analysis

2. ESG Management Template Example - Patagonia

Company Name	Patagonia
Country	United States
Industry Sector	Apparel (Outdoor, Sportswear)
Key Products	Jackets, backpacks, and T-shirts made from recycled materials
Company Characteristics	A brand committed to environmental sustainability and building consumer trust
E (Environmental)	• Uses recycled materials • Donates to environmental protection groups • Sets goals to reduce carbon emissions
S (Social)	• Uses Fair Trade certified materials • Protects workers' rights • Participates in community initiatives

G 팀 워크숍

1. 주제: ESG 잘하는 기업 분석

목적	각국의 ESG 우수 기업 사례를 조사하고 공유함으로써, ESG(Environmental, Social, Governance) 경영의 실제 적용 방식과 기업의 지속 가능 전략을 이해한다.	
활동 구성	토론 및 정리	1. 팀원들이 각자 국가에서 ESG 경영을 잘하는 기업을 선정하여 토론한다. 2. 하나의 기업을 선정한다. 3. 기업 조사 및 ESG 활동을 정리한다.
	발표	각 팀이 분석한 결과를 발표한다.

2. ESG 경영 템플릿 예시_파타고니아

기업명	Patagonia
국가	미국
산업 분야	의류 (아웃도어, 스포츠 웨어)
주력 제품	재활용 원단으로 만든 재킷, 배낭, 티셔츠 등
기업의 특징	환경을 생각하는 브랜드, 소비자와의 신뢰 강조
E (환경)	• 재활용 원단* 사용 • 환경 보호 단체에 기부 • 탄소 배출 저감** 목표 수립
S (사회)	• 공정무역 원단 사용 • 노동자 권리 보호 • 지역 사회 활동 참여

G (Governance)	• Founder donated ownership to environmental causes • Maintains transparent governance • Promotes ethical leadership
Reflections / Takeaways	Building long-term trust; ESG enhances brand reputation

G (지배구조)	• 창립자 지분을 환경단체에 기부 • 투명한 지배구조 운영 • 윤리적 리더십 강조
느낀 점 / 배울 점	장기적인 신뢰 구축, ESG가 브랜드 이미지에 긍정적인 영향을 줌

* 원단 : 옷이나 가방을 만들 때 사용하는 천

** 저감 : 줄이는 것

XI

팀 프로젝트 2

Team Project 2

A Topic: Creating an ESG Strategy for Our Company

B Purpose

Based on the startup created in Team Project 1, students will now design a responsible business plan using the three areas of ESG – Environmental (E), Social (S), and Governance (G). Through this activity, students will learn the meaning of sustainable business management and how to apply it in real situations.

A 주제: 우리 기업의 ESG 경영 전략 수립

B 목표

학생들이 이미 설정한 가상의 스타트업을 기반으로, 이 기업이 환경(E), 사회(S), 지배구조(G) 세 가지 영역을 실천할 수 있는 책임 있는 경영 계획(ESG 전략)을 만들어본다. 이 활동을 통해 지속 가능한 기업경영의 의미와 실제 적용 방법을 경험할 수 있다.

C Activity Steps

Step		Activity
Step 1	Review the Startup	Review the startup idea created during Team Project 1
Step 2	Plan ESG Strategies and Actions	Plan how the company will act responsibly in areas like production, supply chain, employment, and governance
Step 3	Create an Execution Plan	Plan how to carry out the ESG actions (e.g., supplier standards, staff training, transparent accounting)
Step 4	Set ESG Performance Indicators	Examples: reduction in greenhouse gas emissions, percentage of women in management, rate of ethics training completion
Step 5	Team Presentation	Present your ESG strategy

1. Step 1 - Startup Review

Item	Details
Company Name	Eco-SOM
Main Product	Biodegradable, eco-friendly cups
Mission	"Eco-SOM reduces environmental harm by providing biodegradable cups and promoting alternatives to single-use habits."
Chosen ESG Areas	Environmental (E), Social (S), and Governance (G) – all three will be included

C 활동 구성

단계		활동 내용
1단계	스타트업 리뷰	Team Project 1에서 구성했던 가상 스타트업 사업을 다시 살펴본다.
2단계	ESG 전략 및 활동 기획	기업의 생산방식, 공급망, 고용, 지배구조 등에서 어떤 책임 있는 경영을 할 것인지 설정한다.
3단계	실행 계획 수립	활동을 어떻게 수행할지 구체적으로 계획한다(예: 공급업체 선정 기준, 임직원 교육, 투명한 회계 시스템 등).
4단계	ESG 성과 측정 지표 설정	예: 온실가스 배출량 감소, 여성 관리자 비율, 윤리경영 교육 이수율 등
5단계	팀별 발표	각 팀의 ESG 전략 전체를 발표하기

1. 1단계: 스타트업 리뷰

항목	내용
기업명	Eco-SOM
주요 제품	생분해성 친환경 컵
사명	"Eco-SOM은 자연에서 썩는 생분해성 컵을 통해 환경 부담을 줄이고, 일회용품 사용 문화를 바꿔 갑니다."
선택한 ESG 영역	환경(E), 사회(S), 지배구조(G) 모두 적용

2. Step 2 - ESG Strategy Planning

a) Environmental (E)

Category	Content
ESG Strategy & Activities	• Use 100% biodegradable materials • Use recyclable packaging • Minimize carbon emissions during production
Execution Plan	• Purchase only eco-certified raw materials • Sourcing and contracting with recycled material suppliers • Apply carbon-reduction technology in manufacturing
ESG Performance Indicators	• Percentage of biodegradable materials used • Percentage of recycled packaging materials • Carbon emissions per product

b) Social (S)

Category	Content
ESG Strategy & Activities	• Hire local youth and vulnerable groups • Improve employee training and welfare • Run environmental campaigns for consumers • Ensure fair trade with partner companies
Execution Plan	• Set goals for diverse hiring • Conducting monthly ESG training and expanding family care leave • Organize community-based environmental campaign events • Mandatory use of standard contracts

2. 2단계: ESG 전략 및 활동 기획

a) 환경 (E)

항목	내용
ESG 전략 및 활동 기획	• 생분해성 소재 100% 사용 • 재활용 포장재* 활용 • 제품 생산 시 탄소 배출** 최소화***
실행 계획 수립	• 친환경 인증 원료만 구매 • 재활용 소재 공급업체 발굴 및 계약 • 물건을 만들 때 탄소 감축**** 기술 도입
ESG 성과 측정 지표 설정	• 생분해성 소재 사용 비율 • 재활용 포장재 비율 • 제품 1개당 탄소 배출량

* 포장재 : 상품을 싸는 종이, 비닐, 상자 같은 것

** 배출 : 밖으로 내보내는 것

*** 최소화 : 가장 작게 줄이는 것

**** 감축 : 줄이는 것

b) 사회 (S)

항목	내용
ESG 전략 및 활동 기획	• 지역 청년 및 취약계층* 고용 • 직원 교육 및 복지 강화 • 소비자 대상 환경 캠페인 운영 • 협력업체와의 공정거래 준수**
실행 계획 수립	• 고용 다양성 목표 설정 • 월 1회 ESG 교육 시행 및 가족 돌봄 휴가 확대 • 지역 사회와 함께 환경 보호 캠페인 행사 개최 • 표준계약서 사용 의무화

Category	Content
ESG Performance Indicators	• Youth and women employment rate • Training satisfaction and number of participants in welfare programs • Number of campaign participants • Partner satisfaction rate

c) Governance (G)

Category	Content
ESG Strategy & Activities	• Setting the Direction for ESG Management • Enhancing board diversity
Execution Plan	• Run an ESG committee to oversee decisions • Setting board diversity goals
ESG Performance Indicators	• Annual Number of ESG Committee Meetings • Ratio of female and external expert directors

항목	내용
ESG 성과 측정 지표 설정	• 청년 및 여성 고용률 • 교육 만족도 및 복지 참여자 수 • 환경 캠페인 참여자 수 • 협력업체 만족도

* 취약계층 : 도움이 필요한 사람들(노인, 장애인, 소득이 낮아 생활이 어려운 사람들)

** 준수 : 규칙이나 법을 잘 지키는 것

c) 지배구조 (G)

항목	내용
ESG 전략 및 활동 기획	• ESG 경영 방향성 설정 • 이사회 다양성 확대
실행 계획 수립	• ESG 위원회* 운영 • 이사회 다양성 목표 수립
ESG 성과 측정 지표 설정	• 연간 ESG 위원회 개최 횟수 • 여성, 외부 전문가 이사 비율

* 위원회 : 여러 사람이 모여서 함께 중요한 일을 결정하는 모임

국제학생을 위한 경영전략 입문

초판발행 2025년 8월 29일

지은이 이선희
펴낸이 안종만 · 안상준

편 집 김다혜
기획/마케팅 김민규
표지디자인 BEN STORY
제 작 고철민 · 김원표

펴낸곳 (주) 박영사
서울특별시 금천구 가산디지털2로 53, 210호(가산동, 한라시그마밸리)
등록 1959. 3. 11. 제300-1959-1호(倫)
전 화 02)733-6771
f a x 02)736-4818
e-mail pys@pybook.co.kr
homepage www.pybook.co.kr
ISBN 979-11-303-2399-2 93320

정 가 19,000원